GLOBAL WORKERS
ESCOLHA SEU MELHOR FUTURO

CARO(A) LEITOR(A),
Queremos saber sua opinião
sobre nossos livros.
Após a leitura, siga-nos no
linkedin.com/company/editora-gente,
no TikTok **@editoragente**
e no Instagram **@editoragente**,
e visite-nos no site
www.editoragente.com.br.
Cadastre-se e contribua com
sugestões, críticas ou elogios.

GUSTAVO SÈNGÈS

PREFÁCIO DE LUCIANO SANTOS
APRESENTAÇÃO DE MARCELA MIRANDA

GLOBAL WORKERS
ESCOLHA SEU MELHOR FUTURO

TRABALHE PARA AS EMPRESAS MAIS INOVADORAS DO MUNDO, **SEJA BEM REMUNERADO E CONQUISTE A SUA LIBERDADE**

Gente
AUTORIDADE

Diretora
Rosely Boschini

Gerente Editorial Sênior
Rosângela de Araujo Pinheiro Barbosa

Editora Pleno
Carolina Forin

Assistente Editorial
Mariá Moritz Tomazoni

Produção Gráfica
Leandro Kulaif

Edição de Texto
Algo Novo Editorial

Preparação
Gleice Couto

Capa
Bruno Miranda | Cavalo-Marinho
Estúdio Criativo

Projeto Gráfico e Diagramação
Márcia Matos

Revisão
Debora Capella

Impressão
Assahi

Copyright © 2025 by Gustavo Sèngès
Todos os direitos desta edição
são reservados à Editora Gente.
Rua Deputado Lacerda Franco, 300 – Pinheiros
São Paulo, SP – CEP 05418-000
Telefone: (11) 3670-2500
Site: www.editoragente.com.br
E-mail: gente@editoragente.com.br

Dados Internacionais de Catalogação na Publicação (CIP)
Angélica Ilacqua CRB-8/7057

Sèngès, Gustavo
    Global workers: escolha seu futuro: trabalhe para as
empresas mais inovadoras do mundo, seja bem remunerado e
conquiste a sua liberdade / Gustavo Sèngès. - São Paulo :
Autoridade, 2024.
    192 p.

ISBN 978-65-6107-016-4

1. Desenvolvimento profissional I. Título

24-5640   CDD 658.3

Índices para catálogo sistemático:
1. Desenvolvimento profissional

NOTA DA PUBLISHER

No mundo de hoje, milhares de profissionais sentem-se presos a um mercado de trabalho limitado, com salários que não refletem suas competências e pouca liberdade para crescer e viver com flexibilidade. Para muitos, a perspectiva de uma carreira internacional de maior realização parece distante, um privilégio restrito a poucos. No entanto, com a globalização digital e o aumento das oportunidades de trabalho remoto, essa realidade está ao alcance de quem estiver preparado. O desafio, então, é saber como dar os passos certos para abrir essas portas e competir em um mercado global.

É aqui que *Global workers: escolha seu melhor futuro*, de Gustavo Sèngès, entra em cena. Este é um livro prático e direto para quem quer transformar a própria carreira, superando as limitações do mercado local e se posicionando como um global worker, um profissional que trabalha de qualquer lugar do mundo para empresas estrangeiras, sendo remunerado em moeda forte e com flexibilidade real. Gustavo desmistifica esse universo, oferecendo um caminho detalhado e concreto para que qualquer pessoa, independentemente de sua experiência, conquiste uma posição de destaque no mercado internacional.

Com mais de uma década de experiência em recrutamento e desenvolvimento de global workers, Gustavo vivenciou de perto as transformações do mercado de trabalho e conhece como poucos os desafios e as oportunidades do trabalho global. Através de seu Método GWorker, o autor apresenta as habilidades e estratégias essenciais para que o leitor supere as barreiras culturais e técnicas, construa uma presença internacional e conquiste oportunidades de trabalho remoto com empregadores de todos os continentes.

Neste livro, você encontrará orientações práticas e inspiradoras para trilhar esse novo caminho, desde o preparo para entrevistas e o desenvolvimento de uma mentalidade global até a construção de um currículo atrativo para o mercado internacional. Se você deseja mais liberdade, reconhecimento e uma carreira sem fronteiras, esta leitura é para você. Acredite: o mundo está esperando pelo seu talento. Boa leitura!

ROSELY BOSCHINI
CEO e Publisher da Editora Gente

Dedico este livro a quatro grandes mulheres.

À minha mãe, América. Alguns acreditam que, quando uma pessoa morre, ela parte para outro plano ou dimensão, a depender da crença de cada um. Eu acredito que ela vai para dentro de nós e de nossos corações. Minha mãe não pôde esperar pela publicação deste livro, mas certamente está aqui dentro de mim, sorrindo orgulhosa com mais essa conquista. Obrigado por tudo, mamãe.

À minha esposa, Paula. Sem seu companheirismo e sua paciência, este livro não existiria.

E às nossas filhas, Liz e Sofia, que quase todas as noites vinham me perguntar quantas páginas eu havia escrito e me davam o privilégio de sua presença antes de irem para a cama. Amo muito vocês.

AGRADECIMENTOS

São tantas pessoas que de alguma forma fizeram parte deste livro que o espaço é curto para citar cada uma delas. Mas vou tentar.

Ao Luciano Santos, que, com seu olhar sensível já nas primeiras sessões de mentoria, foi certeiro ao me orientar a escrever um livro; e à Marcela Miranda, pela generosidade e motivação, especialmente na reta final. Muito obrigado também por aceitarem meu convite para inaugurarem o nosso livro.

À Alana, parceira de jornada digital, com quem compartilhei cada capítulo em primeira mão.

À Juliana Cury, pelo incansável trabalho de troca, releituras e precisas contribuições.

À Mari Coelho, por ter me ajudado a refinar o método que divido com os leitores neste livro.

Ao Alan, ao Victor e ao Alex, meus primeiros e eternos parceiros de caminhada.

Ao Taco, pela escuta atenta e pelas palavras de motivação.

Aos amigos que fiz em minha carreira, com quem aprendi sobre muitos dos temas tratados aqui.

Aos profissionais que contratamos e os mentorados que confiaram no meu trabalho.

Aos meus grandes amigos que, cada um ao seu modo, têm contribuído para que eu seja quem sou hoje.

À Rosely, à Audrya, à Carol e a toda a brilhante equipe da Editora Gente. O suporte, a atenção e o profissionalismo de vocês é sem igual. Meu superobrigado!

SUMÁRIO

Prefácio _____13

Apresentação _____17

Introdução: O futuro do trabalho já começou _____21

Parte 1
**Tudo o que você precisa saber sobre global workers e
o novo mundo do trabalho** _____31

Capítulo 1: Antes do começo _____32

Capítulo 2: Como nós chegamos ao
novo mundo do trabalho _____46

Capítulo 3: Construindo uma carreira _____60

Capítulo 4: O universo dos global workers _____78

Capítulo 5: O que podemos esperar
do futuro do trabalho _____97

Parte 2

O Método GWorker 115

Capítulo 6: Bem-vindo ao método 116

Capítulo 7: A descoberta 126

Capítulo 8: A construção 142

Capítulo 9: A execução 159

Capítulo 10: A vida é muito mais
que apenas trabalhar 179

Dicionário GWorker 184

PREFÁCIO

Outro dia, eu me peguei pensando como, na geração dos nossos pais e tios, era mais "fácil" gerenciar a carreira. Apesar de a tecnologia já ter começado a dar as caras e reformular o mercado de trabalho desde o "tempo" deles, a fórmula de sucesso no mundo corporativo, para a maioria, era bem parecida: entre em uma boa empresa, trabalhe duro, seja promovido algumas vezes e, décadas depois, vá desfrutar da sua aposentadoria.

Claro que havia (e sempre haverá) alternativas para o plano padrão, mas elas não eram nem de perto tão complexas quanto as alternativas e os caminhos que temos hoje. Na verdade, esse mundo é tão diferente que as gerações antigas sequer conseguem compreender como as pessoas trocam de emprego, empresa, camisa e cargos de forma tão frenética e frequente.

Se a gente pegar, por exemplo, a indústria em que eu trabalhei e me formei, de tecnologia, o tempo médio que as pessoas passam nas tais *big techs* (Google, Apple, Facebook etc.) é de menos de dois anos. Olha o contraste com aquele tio, que todos temos, que passou vinte ou trinta anos em um lugar até se aposentar!

Esse é apenas um pequeno exemplo de um mundaréu de coisas que estão mudando. A disrupção está por todos os lados: a tecnologia e a automação avançaram drasticamente, as habilidades necessárias para exercer o trabalho viraram de cabeça para baixo, cargos clássicos deixaram de existir, novas funções, com seus nomes modernos, surgem o tempo todo, e até mesmo a forma e o local de trabalho, que já não possuem mais estado definido nem fronteiras, passam por uma revolução.

Vou ser honesto com vocês: eu, hoje, da minha cadeira de especialista em carreira, chego a ficar angustiado quando recebo um mentorado que está totalmente perdido nesse mundão corporativo.

Com tantas coisas acontecendo, tantas mudanças, tantas possibilidades, tantos caminhos, por onde eu devo começar?

Não há resposta fácil para essa pergunta, mas eu vou deixar duas reflexões.

A primeira delas é que precisamos colocar energia no gerenciamento de nossas carreiras, uma necessidade que a maioria dos nossos pais e tios não teve. É impressionante como, mesmo com tudo que está acontecendo, poucos profissionais param para refletir, entender, desenhar e influenciar os passos de suas próprias carreiras. Fazer isso pode ser a diferença entre alcançar o sucesso que gostaria – seja lá o que isso signifique para você – ou não. Eu prego aos quatro ventos que todos nós temos o direito de ter uma carreira que nos traga satisfação (se te servir, pode até encaixar a palavra felicidade aqui), mas, para isso, precisamos elevar o nosso nível de consciência sobre o que faz essa satisfação acontecer. Para mim, ela passa pela criação de uma forte mentalidade de entender que eu preciso buscar conhecimento e, de novo, colocar energia no gerenciamento da minha carreira.

O segundo conselho, ainda mais poderoso, é que não precisamos enfrentar todos esses desafios sozinhos; não precisamos ficar reinventando a roda o tempo todo. Para cada ramo de complexidade que citei acima, há diversos profissionais incríveis que já passara por eles, e alguns, que possuem alma de mentor, estão dispostos a compartilhar o conhecimento de maneira mais estruturada.

Quando eu conheci o Gustavo Sèngès em uma sessão de mentoria há algum tempo, na hora me dei conta de que estava diante de um desses profissionais. Durante nossas conversas, a forma apaixonada com que ele falava sobre o tal "novo mundo do trabalho" – esse lugar sem forma e fronteira definidas, com tantas oportunidades ainda a serem exploradas – era inspiradora.

Eu já tinha perdido a conta de quantos profissionais haviam me procurado nos últimos anos demonstrando seu desejo de trabalhar em empresas no exterior, mas sem necessariamente precisar ir embora do Brasil. Apesar da minha vasta experiência em aconselhar e mentorear esses profissionais, esse é um jogo novo, com caminhos específicos, atalhos, macetes e boas práticas que podem ser a diferença entre chegar lá ou não.

Por isso, assim que acabamos uma de nossas primeiras conversas, eu fui atrevido e categórico: "Gustavo, você precisa colocar todo esse conhecimento em um livro; o mundo precisa dele!". Ele escutou o meu conselho, tanto que, hoje, fico muito feliz com o nascimento do livro *Global workers: escolha seu melhor futuro*, que tem um método comprovado e testado que pode ajudar milhares de profissionais a atingirem suas aspirações profissionais e enxergarem oportunidades que sequer imaginavam que poderiam existir.

Que este livro o impressione, inspire e faça pensar – e agir – para conquistar o que quer que esteja em seus pensamentos e coração.

Boa leitura!

LUCIANO SANTOS

Ex-executivo com passagens por empresas como Google e Facebook, é palestrante, produtor de conteúdo, educador corporativo, sócio da Fluxus Educação e autor best-seller de *Seja egoísta com sua carreira*

APRESENTAÇÃO

embro bem da primeira vez que ouvi a palavra "globalização". Naquele momento, parecia algo tão intangível, como se não tivesse conexão com a minha realidade. Naquela época, a internet era completamente diferente do que é hoje. Ainda ouvíamos aquele chiado característico ao usar a internet discada. Lá em casa, o uso era recomendado apenas após a meia-noite, porque o pulso era mais barato nesse horário. Sim, pagávamos pelo pulso, e, se você se lembra disso, provavelmente tem mais ou menos a minha idade.

Quando ouvia a palavra "globalização", escutava frases como: "Agora o mundo encolheu, e as distâncias não importam mais". Mas isso não era um fato. A dificuldade de conexão e, principalmente, a lentidão na troca de informações faziam com que trabalhar remotamente em diferentes países parecesse algo impossível ou pouco factível.

Essa perspectiva muda completamente com a obra de Gustavo. É como se ele pegasse essa ideia de globalização, antes tão distante e teórica, e a trouxesse para o chão, aterrissando-a na realidade do dia a dia no mundo do trabalho.

O livro nos mostra que ser um global worker vai muito além de trocar de emprego ou focar apenas o dinheiro. É sobre abrir portas para um mundo de possibilidades. É libertar-se, conquistar a autonomia de escolher onde e como trabalhar, e encontrar um equilíbrio que permita viver com mais leveza, flexibilidade e propósito. É dar o passo que transforma rotina em realização. É o verdadeiro senso de ser um "cidadão do mundo".

E o que realmente significa a liberdade de trabalhar para qualquer empresa do mundo? Por que isso é tão relevante? Porque é o futuro!

Contudo, afirmo que o fator mais importante aqui é a *sua* contribuição para o mundo. É sobre qualquer empresa poder usufruir dos seus dons e talentos únicos, sobre as coisas que só você sabe fazer e que pode compartilhar com outras nações e pessoas que precisam de você.

Eu diria que esta obra é direcionada a diferentes perfis: desde iniciantes no mercado até profissionais experientes que desejam reinventar suas carreiras. Dá para aprender muito aqui e, mais ainda, se inspirar.

O tom do livro é extremamente positivo e te coloca em uma mentalidade de: "Eu também posso conseguir isso!". Porém, como uma profissional da língua inglesa voltada para a aprendizagem acelerada de adultos, não poderia deixar de fazer um alerta: SIM! O inglês, para esta escolha de carreira, é um item fundamental. Não é apenas desejável nesta jornada, mas quase imprescindível. Afinal, eu sempre digo: *Every new word in your vocabulary is an extra dollar in your pocket.* Cada nova palavra no seu vocabulário é um dólar extra no seu bolso.

Então, se esse é o seu desejo, mãos à obra! Comece o seu projeto de falar inglês fluente o mais rápido possível, pois, após esta leitura, você estará a um passo de se tornar um Gworker.

Mais do que um manual, este livro funciona como um chamado à ação para quem busca liberdade profissional e geográfica. Prepare-se para o futuro a cada página lida!

MARCELA MIRANDA (TIA DO INGLÊS)

Especialista em aprendizagem acelerada para adultos, professora de inglês e mentora de palestrantes internacionais há mais de trinta anos, é autora best-seller de *Mente aberta, língua solta* e conta com mais de 1,5 milhão de seguidores nas redes sociais

INTRODUÇÃO

O FUTURO DO TRABALHO JÁ COMEÇOU

Bem-vindo ao futuro! Aqui, as fronteiras do trabalho são tão amplas quanto o universo de oportunidades que podem se abrir para você. Parabéns por decidir dar um passo importante em busca da sua liberdade.

A partir de agora, convido você a embarcar na maior revolução do mundo do trabalho das últimas décadas. Juntos, vamos descobrir como construir uma carreira global de sucesso, integrar-se às empresas mais inovadoras do mundo, obter uma excelente remuneração e, acima de tudo, viver e trabalhar do jeito que você sempre sonhou. Parece bom demais pra ser verdade? Mas confie em mim: é real e já está acontecendo!

Este livro é sobre carreira, mas não apenas isso: aqui, quero apresentar a possibilidade de transformar a sua vida, de viver com flexibilidade e liberdade e, ao mesmo tempo, ser valorizado e bem remunerado. Imagine um cenário no qual você não precise enfrentar horas de deslocamento para o escritório, em que possa levar uma vida equilibrada, acompanhar de perto a rotina dos filhos, passear com o seu cachorro, almoçar em casa, se dedicar a um hobby e até mesmo trabalhar enquanto viaja (ou viajar enquanto trabalha). Isso não é mais uma visão futurista ou utópica. É a realidade de milhares de **global workers** que trabalham do Brasil (ou de outros países) para empresas estrangeiras.

Para quem nunca experimentou viver e trabalhar dessa maneira, prepare-se para conhecer muitas coisas novas. Quem já deu os primeiros passos sabe bem do que estou falando e certamente não se imagina voltando para aquela rotina maçante e presencial em uma empresa local. Escrevi este livro para esses dois perfis de leitores, e é com você que pretendo passar as próximas páginas compartilhando tudo o que aprendi sobre o universo dos global workers.

Minha jornada pelo mundo de recrutamento e contratação global me mostrou de perto como o mercado de trabalho vem se transformando. Há mais de catorze anos, vivo o dia a dia de um global worker e, ao mesmo tempo, de quem recruta global workers para as empresas mais inovadoras do mundo.

Na verdade, quando comecei nessa área, não se falava em global workers, em trabalho remoto, em trabalhar de qualquer lugar... Inclusive, boa parte das maiores empresas especializadas na contratação desse perfil de profissional nem tinha sido fundada!

Eu era um profissional com quase dez anos de experiência no setor de educação, tendo trabalhado como professor universitário, coordenador de cursos de pós-graduação e sócio-fundador de uma empresa de educação corporativa. Nessa época, recebi o convite para abrir a operação de uma empresa americana do setor de recrutamento e contratação de talentos brasileiros e latinos para clientes internacionais.

Confesso que não entendia do assunto... Passei um mês imerso no dia a dia da empresa em Nova York, acompanhando de perto os processos de recrutamento, conhecendo a equipe, visitando clientes e aprendendo a utilizar as ferramentas de busca e gestão de candidatos. Então, retornei ao Brasil com a seguinte missão: abrir a filial local, montar um time de recrutadores – que se dividia basicamente entre generalistas e especialistas em tecnologia – e começar a atender um de nossos grandes clientes, uma das maiores empresas de mídia social do mundo.

Assim nasceu o meu primeiro contato com esse modelo de trabalho que acabou explodindo nos anos seguintes e alcançou o seu auge durante a pandemia de covid-19. De lá para cá, foram mais de 3 mil profissionais contratados para clientes dos mais diferentes tamanhos e segmentos. Grandes empresas de streaming, farmacêuticas, segurança de rede, comunicação, tecnologia, fintechs, varejo, educação, e outras superinovadoras das quais ainda nos tornaremos consumidores ou usuários em um futuro próximo.

Como liderei a operação na América Latina, vivi esse processo de busca e contratação de talentos não somente no Brasil, mas também em países vizinhos, como México, Colômbia, Argentina, Chile... Independentemente de instabilidade política e econômica da região, sempre fomos bem-vistos pelos empregadores estrangeiros – e com razão!

Então, ainda no começo do livro, vamos deixar nossos traumas e complexos de lado, combinado? Nesse universo dos global workers, posso afirmar com orgulho que o brasileiro está entre as nacionalidades mais valorizadas do mundo. Criatividade, jogo de cintura, facilidade de relacionamento interpessoal e até mesmo o fuso horário costumam ser muito elogiados e valorizados pelos empregadores estrangeiros. O que falta é aprender a usar isso a seu favor! Bem, você estar com este livro em mãos é um bom sinal de que está disposto a aprender e, assim, transformar a sua vida e redefinir os rumos da sua carreira.

INTRODUÇÃO 23

O QUE VOCÊ VAI VER NAS PRÓXIMAS PÁGINAS

Ao longo da leitura, você vai encontrar não apenas conhecimento, mas um verdadeiro mapa, um guia para o novo mundo do trabalho. Este conteúdo foi escrito para acompanhar cada etapa do seu desenvolvimento, inspirá-lo a alcançar maiores alturas e mostrar que existe um vasto mundo de oportunidades esperando por você.

Reuni todo o meu conhecimento de anos de atuação, informações que, pela primeira vez, estão disponíveis de maneira clara e organizada, para montar um guia completo para quem deseja se tornar um global worker – ou GWorker. Prepare-se para ser inspirado, desafiado e, acima de tudo, prepare-se para agir. Meu objetivo é empoderar você, de modo que não fique à mercê de empregos locais que, além de remunerarem mal, não valorizam suas habilidades e autonomia. Mais do que respostas prontas, quero apresentar opções. Sim, opções de caminhos que podem ser seguidos por quem deseja construir uma carreira global.

Se você sonha em conhecer o mundo enquanto trabalha ou se prefere ficar no conforto da sua cidade, próximo da família e dos amigos, esta leitura pode te ajudar. Se você está em início de carreira, se pretende mudar de área ou se está em uma fase consolidada na profissão, mas pensa em ampliar suas oportunidades, este livro também é para você.

Até mesmo se você já trabalha como global worker, mas deseja aprimorar suas habilidades e seus conhecimentos, encontrará nestas páginas ferramentas e estratégias para continuar evoluindo. O mercado de trabalho global muda o tempo todo, e quem não se atualiza acaba ficando para trás. Estar pronto para essas transformações é o que te permite não só acompanhar, mas criar a vida que sempre sonhou.

Agora, é preciso ter em mente que a carreira de global worker não é para qualquer pessoa, em especial se ela tiver um perfil acomodado, desorganizado ou dependente demais para enfrentar desafios por conta própria, assim como se tiver dificuldades em lidar com diferenças culturais e respeitar outras opiniões. Afinal, o ambiente de trabalho global requer flexibilidade, empatia e mentalidade inclusiva.

E, seguramente, esse modelo de trabalho não é para quem não está disposto a investir em aprendizado e desenvolvimento pessoal. Um exemplo: ter domínio da língua inglesa é uma habilidade técnica – *hard skill* – essencial. Sem ela, será difícil passar pelos processos seletivos, assim como se comunicar com colegas e líderes de outros países.

A verdade é que ser um global worker exige uma postura ativa, comprometimento e, acima de tudo, autonomia. E aqueles que estiverem abertos a abraçar essas características terão um universo de oportunidades à sua disposição!

PRECISAMOS SELAR UM ACORDO

A decisão de escrever este livro surgiu da necessidade de compartilhar minha expertise com o maior número possível de pessoas. Por muito tempo, minha voz ficou restrita a amigos que me pediam orientação profissional e, posteriormente, a pequenos grupos de mentorados, todos interessados em escapar do círculo vicioso de empregos presenciais, mal-remunerados, que não permitiam tempo para praticar um esporte, desenvolver um hobby ou mesmo curtir a família.

Foram meses desafiadores, repletos de privação, ansiedade e noites maldormidas. Além de ter duas filhas pequenas e esposa,

A VERDADE É QUE SER UM GLOBAL WORKER EXIGE UMA POSTURA ATIVA, COMPROMETIMENTO E, ACIMA DE TUDO, AUTONOMIA.

@GUSTAVOSENGES

atuo como *country manager* de uma empresa americana. Na maioria das vezes, o processo de escrita aconteceu aos finais de semana, depois de uma intensa semana de trabalho e responsabilidades em família. O que me fez não desistir foi a compreensão de que **tenho uma missão com você**, leitor. Eu sei que a experiência que adquiri ao longo desses anos será fundamental para que você também possa desenvolver uma carreira tão gratificante quanto a que eu e milhares de global workers tivemos o privilégio de construir.

Espero que o esforço dedicado a este trabalho seja útil para despertar em você o desejo de mudança. Não gosto do termo "transição de carreira"; prefiro "expansão", que é o que faremos aqui. Então, está chegando a hora de você expandir seus horizontes e sua carreira!

Porém, antes de continuar, quero propor um acordo que tem como objetivo tornar esse processo de fato eficaz.

Do meu lado, você pode esperar total dedicação e transparência em compartilhar tudo o que aprendi para ajudar a transformar sua vida e carreira. Sem filtros, sem poupar conselhos, aprendizados e orientações.

Do seu lado, precisa se comprometer a aprender, planejar e, especialmente, agir. Como qualquer outro guia ou manual, seja de como obter o corpo "perfeito", seja de como construir um negócio do zero, não basta apenas ler. Em todos os exemplos, se não colocarmos o conhecimento em prática, não terá valido de nada. Portanto, você vai precisar fazer a sua parte.

Ao longo dos capítulos, mais do que receber respostas prontas, você vai aprender tudo sobre o novo mundo do trabalho e os caminhos possíveis para construir a sua carreira global. Você será estimulado a construir e executar considerando seus interesses, suas habilidades e suas possibilidades. A proatividade será sua aliada nessa jornada, que requer o desenvolvimento de habilidades específicas, disciplina e coragem. Está pronto? Eu acredito que sim!

O QUE VOCÊ PODE ESPERAR DAQUI PARA A FRENTE

O livro foi desenvolvido com duas partes bem definidas e seguindo um encadeamento lógico. Então, recomendo que acompanhe a sequência dos capítulos.

Na primeira parte, tracei um panorama do mercado de trabalho do global worker. É uma mentoria sobre carreira de modo geral, até porque não enxergo como caminhos opostos a carreira "local" e a global. Pelo contrário, é apenas uma questão de tempo até que todos possamos oferecer nossos talentos para empresas em qualquer parte do mundo. Apesar de ter me tornado especialista na indústria de contratações globais, tive experiências anteriores que hoje nos serão muito úteis. Além da advocacia, atuei por quase uma década no setor de educação, no qual pude conviver com alunos ávidos por aconselhamento sobre como dar os primeiros passos na carreira e com executivos enfrentando complexos dilemas profissionais.

Vamos começar esclarecendo as dúvidas mais comuns, para que possamos iniciar a nossa jornada partindo de bases sólidas. Com o meu trabalho nas redes sociais, consigo estar mais próximo dos leitores e conhecer suas principais questões, que foram todas trazidas para este livro.

Ainda na primeira parte, vamos estudar os principais marcos que levaram a essa transformação que estamos atravessando, investigar os bastidores de como funciona esse mercado e como agem as empresas que buscam profissionais globalmente, e desvendar o que está por vir, estudando as principais tendências baseadas em pesquisas que apontam para um crescimento absurdo desse modelo de trabalho – **e um spoiler:** os números são tão otimistas que vão sanar qualquer dúvida de que se tornar um global worker é investir no seu futuro.

Meu objetivo é trazer o outro lado do mercado, ao qual, em geral, candidatos e profissionais não têm acesso. Sem compreender como funciona o mercado de contratações globais, você dificilmente vai conseguir se planejar e executar o plano com eficiência.

Já na segunda parte, é hora de você arregaçar as mangas. Com a sua bagagem cheia de conhecimento técnico e ferramentas importantes, com você dominando totalmente esse novo mundo do trabalho, apresentarei o Método GWorker! Passos, dicas e técnicas imprescindíveis, frutos de muito estudo, baseados no caminho que eu e mais de 3 mil profissionais trilhamos para alcançar nossos objetivos.

Eu sei que parece muita coisa, e talvez seja um pouco assustador. Mas fique tranquilo, estarei ao seu lado durante todo o caminho. Infelizmente, não posso fazer promessas, pois os resultados são proporcionais ao seu comprometimento – lembra-se do acordo que firmamos? Mas posso garantir que a trajetória ficará bem mais fácil com um guia mostrando cada etapa.

Compartilhar esse conhecimento se tornou a minha missão de vida, e espero que possamos dividir esse sonho daqui para a frente.

Por último, antes de você oficialmente iniciar a sua jornada, peço que acesse o QR Code a seguir e realize o nosso GWorker Quiz, que vai avaliar os seus conhecimentos básicos sobre a carreira de global worker. O resultado trará recomendações do que deve ser aprimorado. No final da leitura, vamos repetir o teste, para que você saiba exatamente em que ponto está e o que deve fazer para avançar ainda mais.

www.gustavosenges.com.br/quiz/

Chegou a hora de conquistar a vida que você sempre quis. Vire a página e entre no futuro. Encontro você lá.

PARTE 1

TUDO O QUE VOCÊ PRECISA SABER SOBRE GLOBAL WORKERS E O NOVO MUNDO DO TRABALHO

01 ANTES DO COMEÇO

Para iniciarmos a nossa jornada rumo a uma carreira global, precisamos estar alinhados sobre alguns conceitos. Esse assunto é muito novo não só para você, mas até mesmo para especialistas de carreira e de futuro do trabalho. Portanto, é natural que surjam muitas dúvidas. Então, respire fundo e vamos juntos compreender os principais termos.

O QUE É GLOBAL WORKER, AFINAL?

Ouvi esse termo pela primeira vez alguns anos atrás de um cliente que precisava contratar um profissional de tecnologia. Lembro-me de que perguntei onde seria essa contratação, ou seja, em qual país a empresa pretendia contratar esse profissional. Foi quando a pessoa me disse que poderia ser um "global worker". Fiquei meio confuso. Até então, embora a maior parte dos profissionais que contratávamos pudesse trabalhar de onde quisesse, as contratações tinham como base determinado país. Nesse caso, o termo significava que a empresa contratante buscava um perfil de profissional e, para ela, não importava onde a pessoa vivia.

Hoje, global worker é usado para descrever todo profissional que trabalha de seu país e de maneira remota (em alguns casos, híbrida) para empresas estrangeiras. O termo está ganhando força entre os maiores especialistas de futuro do trabalho e empresas do setor.

ANTES DO COMEÇO 33

O CEO do LinkedIn, Ryan Roslansky, quando fala do crescimento das contratações globais, costuma utilizar o termo global worker em suas publicações. Recentemente, em um post publicado no próprio LinkedIn, ele escreveu: "Os últimos dias deixaram uma coisa clara: o nosso potencial para criar oportunidades para todo global worker nunca foi tão grande. À medida que o cenário profissional evolui, estamos comprometidos em ajudar nossos membros a aprenderem novas habilidades, conectarem-se com sua comunidade e encontrarem empregos com significado".[1]

(Aliás, recomendo acompanhar as postagens do Ryan, que sempre traz insights interessantes, além de ser um dos grandes nomes da revolução no mundo do trabalho.)

Já no Brasil, a fintech de meios de pagamento Husky publicou a pesquisa Global Worker 2024,[2] que traça com detalhes o perfil desse profissional que trabalha remotamente para empresas estrangeiras. Esses são apenas dois grandes exemplos de como o termo tem se popularizado tanto no Brasil quanto no exterior. E agora que ficou claro para você também, vamos esclarecer outra dúvida recorrente.

GLOBAL WORKERS X NÔMADES DIGITAIS X HOME OFFICE

Muita gente que tem contato com o termo global worker pela primeira vez logo o associa aos nômades digitais – uma confusão bastante comum.

[1] ROSLANSKY, R. "The energy across our global LinkedIn offices was incredible during our first-ever [...]". jul. 2024. LinkedIn: Ryan Roslansky. Disponível em: www.linkedin.com/posts/ryanroslansky_onelinkedin-activity-7219840487350837248-HBql. Acesso em: 2 nov. 2024. (Tradução livre.)

[2] HUSKY. **Global Worker 2024**. Disponível em: https://acrobat.adobe.com/id/urn: aaid:sc:VA6C2:e619f52e-36ba-426f-8457-a6fb22d640e2. Acesso em: 2 nov. 2024.

Vamos começar pelas semelhanças: os dois valorizam liberdade, flexibilidade, equilíbrio entre vida pessoal e profissional, ganhar em moeda estrangeira, trabalhar para empresas inovadoras e conviver em ambientes multiculturais.

Só que a grande diferença está no item mobilidade global. Enquanto o nômade digital tem como objetivo viver e trabalhar de diferentes lugares, o global worker escolhe viver em seu próprio país, mas trabalhando para empresas estrangeiras. Entre seus principais motivos estão a proximidade dos amigos e da família, gostar de viver em seu país de origem e a valorização dos salários quando convertidos para a moeda local.

Embora o tema nômade digital não seja o assunto central do livro, também vamos falar sobre ele, e por uma razão bastante interessante. Há casos de global workers que decidem aproveitar a flexibilidade que faz parte de seu modelo de trabalho para viajar ou até para morar por um período em outros lugares.

Vi isso acontecer com vários profissionais que contratei e sempre defendi que a maneira mais segura e responsável para quem deseja viver a experiência de se tornar um nômade digital é ter um emprego global antes de se aventurar internacionalmente. Ou seja, tornar-se um global worker primeiro para, depois, morar em outros lugares; tudo isso sem perder a segurança e o conforto da remuneração mensal.

Em outras palavras, para quem pretende levar uma vida de nômade digital, é muito mais fácil já ser um global worker. Aliás, a condição para que um profissional possa viver por determinado período em um país estrangeiro como nômade digital – com o visto adequado – exige comprovação de renda ou algum tipo de vínculo de trabalho. Então, acabamos voltando para o mesmo lugar. Todo

ANTES DO COMEÇO 35

ENQUANTO O NÔMADE DIGITAL TEM COMO OBJETIVO VIVER E TRABALHAR DE DIFERENTES LUGARES, O GLOBAL WORKER ESCOLHE VIVER EM SEU PRÓPRIO PAÍS, MAS TRABALHANDO PARA EMPRESAS ESTRANGEIRAS.

@GUSTAVOSENGES

nômade digital é de certo modo um global worker, mas nem todo global worker é um nômade digital, já que a maioria acaba optando por permanecer no seu próprio país.

As empresas estrangeiras que contratam global workers estão ampliando seu acesso a talentos globais, o qual antes se restringia ao local onde estavam sediadas. Portanto, o trabalho remoto – ou como nos acostumamos a chamar no Brasil, o "home office"[3] – surgiu como uma estratégia de recrutar os melhores profissionais independentemente de onde eles estejam.

Muitas dessas empresas foram fundadas de 2012 para cá e já nasceram com o DNA remoto. São negócios muito jovens, que nunca tiveram escritório físico nem em seus países de fundação. Podemos usar como exemplo a última empresa em que trabalhei, cuja sede fica no Colorado, Estados Unidos. Nós nos encontrávamos pessoalmente de duas a três vezes por ano, tanto nas bases regionais – América Latina e Europa – quanto na matriz. Nessas ocasiões, a liderança tinha que alugar ambientes inteiros para que pudéssemos trabalhar e confraternizar juntos. Um desses encontros de todas as filiais na matriz em Denver teve que ser realizado em um estádio de beisebol, com infraestrutura preparada para trabalharmos em estações remotas, auditórios, restaurantes e bares.

Nós contratávamos profissionais no mundo todo para clientes, em sua maioria empresas americanas ou europeias com o mesmo DNA remoto. São organizações dos mais diferentes segmentos, para as quais a localização dos empregados é muito menos importante do que suas habilidades e experiências.

---

[3] Não tem problema nos referirmos ao trabalho remoto como home office, mas entenda que o termo se refere somente ao local onde o trabalho é realizado, e não ao modelo de trabalho.

É assim que enxergo o trabalho remoto, e é dessa maneira que global workers precisam compreender esse modelo de trabalho. Não precisamos nos preocupar com o jogo de interesse e as notícias sobre a "volta ao escritório"[4] das empresas locais. Temos que entender que a maioria delas não nasceu com esse DNA remoto; simplesmente tiveram que se adaptar da noite para o dia em função do isolamento social imposto pela pandemia. Entendo que cada empresa, e mais ainda cada função, deve decidir o que funciona melhor para seu modelo de negócio. Não há receita única que funcione igualmente para todos.

Com isso quero dizer que global workers precisam se preocupar menos com o modelo de trabalho adotado no Brasil e olhar mais para os países que buscam e necessitam dos nossos profissionais. Ou seja, precisamos levantar a cabeça e expandir nossos horizontes de carreira.

"MAS EXPANDIR PARA ONDE? É POSSÍVEL MESMO?"

Você pode estar se perguntando exatamente isso. E ainda pensando: Adoraria levar uma vida assim. Deve ser incrível. Mas isso tudo não é apenas para um seleto grupo? Bom, para que você não fique com essa falsa impressão, vou compartilhar alguns números e dados concretos que confirmam o cenário atual e o que podemos esperar do universo das carreiras globais para os próximos anos.

---

[4] Nos Estados Unidos, o movimento de retorno forçado ao escritório que algumas empresas passaram a exigir vem sendo chamado de maneira irônica por especialistas de futuro do trabalho pela sigla RTP, de retorno ao passado, em vez de RTO (*return to office*), que seria retorno ao escritório, em inglês.

Há dados muito confiáveis nos EUA, como os publicados pelo Flex Index,[5] que fornece relatórios mensais sobre o percentual de empresas remotas, híbridas e presenciais. O material tem catalogadas mais de 13 mil empresas dos mais diferentes portes, que empregam mais de 100 milhões de pessoas. A ótima notícia é que o número de empresas totalmente remotas chega a um terço, tendo estabilizado um patamar acima do que nos primeiros meses após a pandemia. E quase 40% adotam o modelo híbrido.

Agora, preste atenção nesses números ainda mais animadores! A pesquisa do Fórum Econômico Mundial, intitulada *The Rise of Global Digital Jobs*,[6] afirma que em 2024 cerca de 73 milhões de pessoas trabalhavam de modo remoto para empresas estrangeiras, e esse número deve aumentar para 92 milhões até o ano de 2030. Portanto, nos próximos cinco anos, a expectativa é que as empresas contratem cerca de 20 milhões de profissionais no mundo!

Tenho uma notícia ainda melhor. Na pesquisa *Realizing the Potential of Global Digital Jobs*,[7] também do Fórum Econômico Mundial, existe um estudo de caso específico sobre o Brasil, que aparece como um dos países de maior destaque para suprir essa necessidade de contratação para vagas globais.

---

[5] Para quem tem interesse em acompanhar mensalmente os números e as tendências, recomendo se inscrever em: www.flex.scoopforwork.com/stats. Acesso em: 2 nov. 2024.

[6] THE RISE of Global Digital Jobs. **World Economic Forum**, jan. 2024. Disponível em: www3.weforum.org/docs/WEF_The_Rise_of_Global_Digital_Jobs_2024.pdf. Acesso em: 2 nov. 2024.

[7] REALIZING the Potential of Global Digital Jobs. **World Economic Forum**, abr. 2024. Disponível em: www3.weforum.org/docs/WEF_Realizing_the_Potential_of_Global_Digital_Jobs_2024.pdf. Acesso em: 2 nov. 2024.

Em resumo, enquanto existir essa batalha global pelos melhores talentos – e esse é um fenômeno que veio para ficar –, haverá muitas oportunidades para global workers. Esse desafio para as empresas significa oportunidade para nós. Lembre-se disso!

A "REAL" SOBRE GLOBAL WORKERS

Desde abril de 2024, quando tomei coragem de sair do anonimato e criei um perfil nas redes sociais, venho compartilhando minha experiência como global worker. Essa iniciativa me permitiu conscientizar usuários sobre as oportunidades nesse universo e, ao mesmo tempo, compreender melhor as dúvidas e demandas desses profissionais.

Decidi trazer para cá questões-chave que costumam ser motivo de dúvidas para muitos que me acompanham, e sei que também vão ajudar você. Assim, a seguir, busco desmistificar crenças arraigadas e oferecer uma visão realista sobre o cenário profissional de global worker. Meu intuito é fornecer clareza e orientação para aqueles que consideram embarcar nessa jornada empolgante e desafiadora.

HÁ OPORTUNIDADES PARA TODO MUNDO

Há um mito de que somente profissionais de tecnologia são contratados para vagas globais, mas isso não é verdade. Se por um lado os *techies* serão sempre os mais buscados, por outro, já convivi e contratei profissionais das mais diferentes áreas e formações. Eu mesmo tenho formação em Humanas, e isso nunca foi um empecilho para o meu trabalho como global worker. No meu caso, aliás, ainda poderia ser mais complicado, pois a minha formação principal é Direito, que é uma profissão altamente regulada e especializada em conhecimentos locais.

Se considerarmos os dados da pesquisa de Husky de 2024, já apresentada anteriormente, eles nos mostram que cerca de dois terços dos profissionais são de tecnologia, deixando aproximadamente um terço para outras formações. Esse fenômeno (que nos deixa com essa sensação de que só um tipo de profissional tem oportunidade) tem duas explicações: a primeira é o inegável aumento da demanda por profissionais de tecnologia. Um segundo fator, pouco levado em conta, é que o profissional de tecnologia pode atuar nas vagas globais em empresas interessadas no Brasil e/ou em outras que nada tenham a ver com o país.

Diversas vezes contratamos brasileiros para empresas americanas para se dedicarem a projetos em Singapura ou na Irlanda, por exemplo. Ou seja, o fato de o profissional ser de nacionalidade brasileira é um simples detalhe. Bem diferente de um advogado, que dificilmente será útil em um caso assim. Essa versatilidade do profissional de tecnologia acaba abrindo um leque maior de oportunidades. É o que costumo dizer: a linguagem de programação é universal, já o código de direito comercial, por exemplo, é diferente para cada país. Percebe a diferença?

Números são importantes, mas é bom entendermos que há demanda para todo perfil de profissional, desde que ele esteja preparado para esse mercado de carreiras globais. No futuro do trabalho – que já está batendo à nossa porta –, é muito provável que todos sejamos global workers.

FORMAÇÃO E HABILIDADES

Não se deixe definir por seu diploma. Quando escolhemos o curso universitário, em geral somos jovens e imaturos. Pense que aquela foi a melhor escolha que o "seu eu" na época poderia fazer. Não fique remoendo ou sofrendo por isso. Carreiras não são lineares, e você não está condenado a seguir fielmente o que diz seu diploma.

Muita gente soma o que aprendeu na faculdade a novas habilidades e experiências para produzir um resultado surpreendente. Se ser um global worker é o seu objetivo e você vem de uma graduação menos valorizada, procure complementar a sua formação com conhecimentos e habilidades que permitam expandir seus horizontes e se tornar um profissional requisitado.

É possível desenvolver uma estratégia para profissionais que possuem todo tipo de formação. Muito mais do que as palavras escritas em seu diploma, os diferenciais serão a experiência profissional, as habilidades e a atitude.

E uma dessas habilidades, sim, deve ser dominar a língua inglesa, o idioma oficial do global worker. Desde a fase de preparação – que compreende da elaboração do currículo ao desafio das entrevistas, com recrutadores e líderes – até, mais para a frente, o dia a dia de trabalho, tudo será feito em inglês.

O nível de proficiência do idioma é que varia em função da posição e do grau de senioridade da vaga. Existem cargos que demandam menos exposição a reuniões, conversas com os membros da equipe ou atendimento a clientes estrangeiros. Por exemplo, existem cargos de suporte nos quais a comunicação se dá de maneira assíncrona[8] e por escrito. Por outro lado, há vagas comerciais em que será exigido que o profissional se comunique com frequência com clientes em inglês e em tempo real.

---

[8] O trabalho assíncrono é um modelo em que as atividades não precisam ocorrer ao mesmo tempo; cada pessoa realiza suas tarefas no próprio ritmo e horário, permitindo maior flexibilidade e colaboração entre equipes distribuídas em diferentes fusos horários.

Quanto ao grau de senioridade, a lógica é a mesma. Quanto mais sênior, como a posição de *country manager*, diretores etc., mais o profissional terá como reporte direto e frequente um líder em outro país. Portanto, deverá dominar fluentemente o idioma.

Não se deixe enganar por promessas de que é possível construir uma carreira global sem dominar o inglês. *So, keep calm and carry on*. E estude inglês! Invista em seu aprendizado, aproveitando as diversas opções disponíveis, como séries, cursos on-line, músicas e ferramentas de IA que simulam entrevistas, por exemplo.

UM MERCADO DIVERSO

Já entrevistei e contratei desde profissionais da Geração Z, recém-graduados, até profissionais experientes na casa dos 50 anos. Não há um limite de idade, e nunca testemunhei algum tipo de preconceito em função disso ou qualquer outra caraterística pessoal. Muito pelo contrário: o mercado de carreiras globais é bastante diverso em sua essência, como veremos ao longo do livro.

É muito comum convivermos com profissionais mais velhos se reportando a profissionais bem mais jovens, sem que isso traga nenhum desconforto para ambos ou para as equipes. E essa vivência com diversidade geracional em ambientes de trabalho global e remoto enriquece o cotidiano tanto das empresas quanto dos próprios trabalhadores.

Vivi uma experiência bastante gratificante de um profissional brasileiro com quase 50 anos que havia mudado com a família, pela empresa em que trabalhava, para a Espanha. Com a pandemia, ele foi desligado junto de vários outros profissionais e se viu em uma situação delicada. Estava há pouco tempo em um país novo e, por isso, não tinha uma rede de contatos lá que pudesse ajudá-lo com a recolocação.

Até então, esse profissional tinha trabalhado somente em empresas tradicionais e em modelo presencial. Apesar disso, fizemos um trabalho de mentoria, e ele acabou sendo contratado por uma empresa americana com DNA remoto. Assim, pôde continuar vivendo e trabalhando na Espanha, que era o objetivo dele. Um brasileiro, morando na Espanha com a família e trabalhando para os Estados Unidos; dá para imaginar?

Portanto, independentemente se você está em início de carreira, ou se está em uma fase consolidada na sua profissão, se pensa em expandir seus horizontes profissionais, o modelo global worker é para você, pode ficar tranquilo.

MAS ONDE ESTÃO AS VAGAS?

Por toda parte! Além do LinkedIn e de outras grandes plataformas de vagas, há novas empresas especializadas na contratação de talentos para clientes globais surgindo a cada instante. São portais de vagas ou sites de recrutamento especializados em divulgar vagas remotas em empresas que contratam global workers para os mais variados segmentos.

De tanto receber pedidos por nomes de empresas que divulgam vagas de global workers – em inglês, dizemos *job boards* –, criei uma lista com mais de cinquenta sites de vagas para global workers.[9] Ela contém algumas das melhores oportunidades de trabalho remoto, desde startups inovadoras até gigantes da indústria. Você pode acessar esse material pelo QR Code a seguir.

---

[9] Cabe ressaltar que não mantenho vínculo profissional com nenhuma dessas empresas, assim como não tenho responsabilidade pelo conteúdo e pelas vagas publicadas.

www.gustavosenges.com.br/vagas-globais/

Lembre-se de que a preparação é a chave para você ter sucesso na busca pela vaga dos seus sonhos. Assim como você, há profissionais de diversos lugares do mundo sonhando com uma vida mais flexível, bons salários e a possibilidade de trabalhar como e onde quiser. Se por um lado uma carreira global pode trazer vários benefícios, por outro, a concorrência é acirrada. Por isso, é tão importante procurar seguir um passo a passo, compreender esse novo mundo do trabalho e aprender com quem já trilhou esse caminho.

Agora que estamos alinhados e construímos a nossa base sólida – você já deve ter percebido quanta coisa nova aprendeu em um só capítulo, não é? –, chegou a hora de levantar a âncora e seguir a jornada um pouco para o passado, para entender como chegamos até aqui. Partiu?

02 COMO NÓS CHEGAMOS AO NOVO MUNDO DO TRABALHO

O objetivo deste capítulo não é elaborar um tratado sociológico sobre o tema. O importante aqui é compreender o momento presente a partir das mudanças que estamos vivendo. Afinal, é impossível imaginar futuros sem entender o que nos trouxe até aqui. Com esse entendimento, poderemos nos preparar para os possíveis cenários, que são bastante promissores para os global workers, como já vimos.

O mundo passa a todo momento por diversas transformações que impactam a maneira como nos comunicamos, nos transportamos, nos relacionamos, trabalhamos e vivemos. Essas mudanças não ocorreram de modo repentino; são o resultado de uma combinação de fatores históricos, tecnológicos e culturais.

MUDANÇAS TECNOLÓGICAS

A tecnologia tem sido um dos principais motores da mudança do novo mundo do trabalho. A internet, desde a sua criação, revolucionou tudo, e continua a fazer isso com frequência. Com a melhora da qualidade e da velocidade das conexões, hoje em dia é quase impossível viver off-line. Com a introdução de tecnologias de banda larga e, mais recentemente, a fibra óptica, tornou-se possível transmitir grandes volumes de dados de maneira rápida e eficiente.

Essas melhorias permitem que profissionais em qualquer parte do mundo possam colaborar em tempo real, compartilhando informações, arquivos e ideias sem interrupções ou atrasos significativos.

Lembro-me dos desafios que enfrentávamos em 2012, quando tínhamos equipes espalhadas pelo mundo e era comum encerrarmos reuniões porque alguns profissionais estavam sem acesso à internet. Hoje em dia, com raras exceções, como queda de energia, é muito difícil precisarmos interromper apresentações por problemas com conexão.

As empresas também passaram a se adequar a esse novo modelo, oferecendo o chamado auxílio remoto (em inglês, *home allowance*), um valor mensal para que os empregados possam contratar bons serviços de internet e telefonia. Ainda assim, dependíamos de internet por cabo, o que limitava bastante a mobilidade do empregado fora de ambientes cabeados, como escritórios e a própria residência.

A chegada da internet móvel foi um avanço ainda mais significativo. Essa nova geração de tecnologia permitiu velocidades de internet até dez vezes mais rápidas que as anteriores. Isso significa que vídeos de alta definição podem ser transmitidos sem interrupções, e grandes quantidades de dados podem ser transferidas quase instantaneamente. A conectividade 5G facilitou bastante o trabalho colaborativo em projetos complexos que exigem comunicação constante e rápida, independentemente da localização dos membros da equipe.

Em meio a tantas facilidades atuais, é comum nos esquecermos de como era limitador esse passado recente. Inúmeras vezes me juntei a *calls*, fiz apresentações, respondi e-mails etc. do saguão do aeroporto, no Uber a caminho de algum compromisso, do quarto de hospital quando minha mulher precisou ser internada, da escola das minhas filhas após uma reunião de última hora e até caminhando na rua – para o desespero da minha esposa, que acredita que meu celular será roubado a qualquer instante. A internet móvel foi um fator decisivo para a flexibilização de modelos de trabalho.

Além das melhorias na infraestrutura de internet, o desenvolvimento de novas plataformas de comunicação tem transformado a maneira como as empresas operam. Ferramentas como Zoom, Microsoft Teams, Slack e Google Meet tornaram-se essenciais para o trabalho dos global workers. Com essas tecnologias, equipes distribuídas globalmente podem trabalhar juntas de maneira eficiente, mantendo a produtividade, como se estivessem no mesmo escritório.

Por fim, outro avanço importante são as ferramentas de gestão de projetos, que se tornaram indispensáveis para equipes globais. Plataformas como Trello, Asana, Miro e Jira permitem que equipes organizem, monitorem e gerenciem suas tarefas de maneira integrada, mesmo quando os membros estão distribuídos em diferentes fusos horários.

Essas possibilidades abriram espaço para o trabalho assíncrono, ou seja, aquele que não é realizado ao mesmo tempo. Esse tema é muito discutido atualmente e passou a fazer parte do dia a dia de global workers que trabalham de diferentes cidades e países, cada um em determinado fuso horário.

Imagine uma equipe global desenvolvendo um software: enquanto um desenvolvedor no Brasil finaliza uma nova funcionalidade no fim da tarde, o designer na Índia começa a trabalhar nos ajustes visuais pela manhã, seguido pelo *tester* na Austrália, que valida tudo durante o próprio expediente. Cada profissional colabora dentro do seu horário local, o que não só otimiza o tempo como acelera a entrega do projeto. Esse modelo assíncrono permite que o trabalho continue ininterruptamente, mesmo quando parte da equipe está off-line, trazendo uma nova dinâmica de produtividade para o mundo globalizado.

E se tantas coisas mudaram em tão pouco tempo, sabemos que o futuro também reserva transformações para as quais o global worker precisa estar pronto.

TRANSFORMAÇÕES CULTURAIS

As mudanças culturais desempenharam um papel crucial na transformação do mercado de trabalho. A valorização da flexibilidade e do equilíbrio entre vida pessoal e profissional – algo pouco discutido alguns anos atrás – tornou-se uma prioridade para muitos.

A rigidez dos horários de trabalho tradicionais passou a ser substituída por modelos mais flexíveis, que permitem aos profissionais gerenciar seu tempo de acordo com suas necessidades e demandas. E esse fruto já está sendo colhido: empresas que oferecem flexibilidade estão atraindo e retendo talentos de modo mais eficaz, criando um ambiente de trabalho mais satisfatório e produtivo.

Há pesquisas recentes,[10] lideradas pela renomada Universidade de Stanford e pelo professor Nick Bloom, um dos maiores estudiosos do futuro do trabalho, que comprovam que modelos flexíveis de trabalho trazem ganhos de produtividade para as empresas e os empregados. Aliás, recomendo fortemente que acompanhe o trabalho do professor Bloom, que, diferentemente de muitos especialistas, baseia suas pesquisas e seus trabalhos em dados estatísticos.

---

[10] CRAWFORD, K. Study Finds Hybrid Work Benefits Companies and Employees. **Stanford Report**, 12 jun. 2024. Disponível em: https://news.stanford.edu/stories/2024/06/hybrid-work-is-a-win-win-win-for-companies-workers. Acesso em: 2 nov. 2024.

DIVERSIDADE E INCLUSÃO

Além da flexibilidade, a diversidade e a inclusão tornaram-se temas centrais nas políticas corporativas. Empresas estão reconhecendo que equipes diversas, compostas de indivíduos de diferentes idades, gêneros, etnias e origens culturais, trazem uma riqueza de perspectivas que impulsiona a inovação e o desempenho.

A criação de ambientes de trabalho inclusivos, onde todos se sentem valorizados e respeitados, não é apenas uma questão de justiça social; é uma estratégia de negócios inteligente. Empresas inclusivas são mais capazes de atrair talentos de alto nível e responder às necessidades de um mercado global diversificado.[11]

O modelo de trabalho remoto tem se mostrado um verdadeiro catalisador para a inclusão e diversidade nas empresas, oferecendo oportunidades para profissionais que, de outra maneira, enfrentariam desafios significativos em um ambiente de trabalho tradicional.

Mães, especialmente de recém-nascidos, têm encontrado no trabalho remoto a flexibilidade necessária para conciliar as demandas da maternidade com a carreira. A possibilidade de trabalhar em casa permite que elas acompanhem de perto os primeiros anos de vida de seus filhos, sem abrir mão do desenvolvimento profissional.

Eu vi de perto como muitas colegas puderam voltar ao trabalho sem precisar sacrificar momentos importantes da vida familiar. Em especial nos países como os EUA, que possuem uma legislação trabalhista menos protetiva, sobretudo no que diz respeito ao período de licença-maternidade. Esse modelo, ao permitir horários mais flexíveis

---

[11] MCGRATH, A. Companies Want Diverse Teams. Remote Work is Making Them Possible. **LinkedIn**, 14 nov. 2022. Disponível em: www.linkedin.com/business/talent/blog/talent-acquisition/remote-work-is-making-diverse-dei-teams-possible. Acesso em: 2 nov. 2024.

e a eliminação do tempo de deslocamento, proporciona um equilíbrio que seria difícil de alcançar em um ambiente de trabalho presencial.

Além disso, o trabalho remoto tem sido um aliado para indivíduos neurodivergentes (aqueles cujo funcionamento cerebral diverge do que é considerado padrão), como pessoas com Transtorno de Déficit de Atenção e Hiperatividade (TDAH) ou no espectro autista, entre outras que frequentemente enfrentam dificuldades em ambientes de escritório devido à superestimulação, a interrupções constantes e a pressões sociais, que podem afetar produtividade e bem-estar.

Nas empresas em que trabalhei nos últimos anos, convivi com profissionais brilhantes que evitavam interações sociais tanto on-line quanto em nossas confraternizações presenciais. O trabalho remoto lhes proporcionava um ambiente mais controlado e adaptado às suas necessidades, o que se traduziu em aumento significativo da produtividade para a empresa e na satisfação do profissional.

Por fim, o trabalho remoto também contribui para a inclusão de pessoas que, devido a questões de mobilidade ou outras limitações físicas, enfrentavam sérias dificuldades nos ambientes presenciais e tradicionais de trabalho. Ao permitir que esses profissionais trabalhem da própria casa, o modelo remoto elimina desafios relacionados ao deslocamento e à acessibilidade, que muitas vezes dificultam a participação plena no mercado de trabalho.[12]

É justamente pelo respeito às diferenças e individualidades que passei a considerar o modelo global worker mais inclusivo e democrático – e a chamá-lo de "trabalhar do seu jeito".

---

[12] ANDRADE, S. Bridging the Gap: Achieving DEI Through Hybrid Work. **Forbes**, 29 jun. 2024. Disponível em: www.forbes.com/councils/forbescoachescouncil/2024/01/29/bridging-the-gap-achieving-dei-through-hybrid-work/. Acesso em: 2 nov. 2024.

A CHEGADA DA GERAÇÃO Z AO MERCADO DE TRABALHO

Outra mudança significativa, que reforça a flexibilização dos padrões aos quais estávamos acostumados, foi a chegada da Geração Z ao mercado de trabalho. Os nascidos entre meados dos anos 1990 e o início dos anos 2010 cresceram em um mundo digital e globalizado. Eles valorizam liberdade, diversidade e inclusão, e esperam que seus empregadores compartilhem desses valores.

Além disso, a Geração Z é reconhecida por sua fluência em tecnologia e sua capacidade de se adaptar rapidamente a novas ferramentas e plataformas digitais. A presença crescente dessa população no mercado de trabalho está forçando as empresas a repensarem suas práticas e a adotarem abordagens mais flexíveis e centradas no ser humano.

Lembro-me de uma situação específica em que fui responsável por recrutar um jovem profissional para um cargo altamente cobiçado em uma grande empresa de mídia social, especificamente na área de marketing. Era uma oportunidade que, para muitos, representaria o auge da carreira, uma verdadeira realização profissional. O processo de seleção foi competitivo, com diversos candidatos qualificados, mas esse jovem se destacou e foi escolhido. Tudo parecia seguir conforme o esperado até que, em nossa conversa final, ele me explicou que tinha uma viagem muito importante marcada para a Argentina com sua namorada dentro de dois meses.

Fiquei surpreso, afinal o início no novo cargo estava previsto para a semana seguinte, e, na minha experiência anterior, um profissional, ainda mais em início de carreira, dificilmente colocaria uma viagem pessoal acima de um trabalho tão cobiçado. Levei essa questão para o gerente que havia feito a entrevista, esperando uma reação semelhante à minha. No entanto, o gerente reagiu com naturalidade e disse que não havia problema algum, demonstrando uma compreensão profunda do equilíbrio entre a vida pessoal e profissional que a Geração Z valoriza.

Esse caso me ajudou a entender e a enxergar de modo totalmente diferente os valores e anseios desses novos profissionais. Para eles, a qualidade de vida e o equilíbrio entre o pessoal e o profissional não são apenas desejos, mas sim condições fundamentais para a escolha de uma carreira. Eles buscam um propósito que transcende o trabalho, que abrange todas as esferas da vida. Eles não se contentam com a ideia de que o trabalho, por mais prestigioso que seja, deva ser a única fonte de realização.

E teria por que ser diferente? Quanto mais pesquiso, mais me questiono sobre como toleramos por tanto tempo o modelo tradicional de trabalho. Compreendo a falta de paciência das gerações mais velhas (como a minha), mas precisamos entender que essas mudanças trazem benefícios para todos nós.

Estou sempre tentando aprender com as experiências do dia a dia, além de livros, sites e podcasts. Para quem quer se aprofundar, existem craques no assunto, com destaque para o professor e palestrante Dado Schneider e para a especialista em futuro do trabalho e Geração Z Maíra Blasi.[13] Com uma simples busca, você vai encontrar conteúdos originais e muito úteis.

Para quem ainda acha que pode adiar ou simplesmente não dar a devida importância ao tema, aqui vai um dado importante. Estima-se que, até 2030, os profissionais dessa geração representarão

---

[13] Sobre o assunto, recomento o excelente podcast sobre carreira e mercado de trabalho do jornal *Estadão*. GERAÇÃO Z no mercado de trabalho: problemática ou consciente? | Dois Pontos. **Estadão, YouTube**. Disponível em: www.youtube.com/watch?v=DQPTNy6E6bE. Acesso em: 2 nov. 2024.

30% da força de trabalho.[14] Se cruzarmos esses dados com os da pesquisa do Fórum Econômico Mundial, mencionada no capítulo anterior, conseguimos ter uma noção de como será o panorama de trabalho global em um futuro próximo.

E você, o que espera para esses próximos cinco anos e como planeja estar?

O INESPERADO: A PANDEMIA

Falar sobre esse período é sempre difícil. Além do trauma pelo isolamento social, muitas famílias perderam entes queridos. Ficaram feridas que ainda sentiremos por muito tempo.

No tema do nosso livro, a pandemia foi um divisor de águas também na parte prática. Empresas especializadas em contratar global workers nunca tiveram tanta demanda quanto nos anos de maior impacto do vírus causador da covid-19. Especialmente pelo fato de o período ter nos ensinado que trabalho e escritório não são sinônimos, como a grande maioria das pessoas acreditava até então. A necessidade de distanciamento social forçou milhões de pessoas a trabalharem de casa, transformando a dinâmica de trabalho de maneira irreversível.

Antes da pandemia, o trabalho remoto já era uma realidade para algumas empresas, principalmente as mais inovadoras que nasceram na década passada com os valores de *work from anywhere* (trabalhe de qualquer lugar) em sua cultura organizacional. Esses negócios já sabiam dos benefícios de permitir que seus empregados trabalhem remotamente: maior flexibilidade, aumento da produtividade e oportunidade de atrair talentos de qualquer parte do mundo.

---

[14] LOPES, K. Geração Z na liderança: é preciso deixar o novo chegar. **Você RH**, 19 jul. 2024. Disponível em: https://vocerh.abril.com.br/lideranca/geracao-z-na-lideranca-e-preciso-deixar-o-novo-chegar/mobile. Acesso em: 2 nov. 2024.

No entanto, foi a pandemia que trouxe esse modelo de trabalho para o centro das atenções. De repente, as empresas se viram obrigadas a se adaptar ao trabalho remoto. Escritórios vazios, reuniões por videoconferência e equipes distribuídas se tornaram a norma. O que antes era uma exceção rapidamente passou a ser uma necessidade.

Além disso, a crise trouxe à tona a importância do equilíbrio entre vida profissional e pessoal. Milhões de pessoas experimentaram, pela primeira vez, a flexibilidade de trabalhar de casa, ganhando tempo que antes era gasto em longos deslocamentos. Esse ganho de qualidade de vida permitiu que muitos se reconectassem com hobbies, passassem mais tempo com a família e até investissem em educação e desenvolvimento pessoal.

Os impactos foram sentidos no meio ambiente, no nível de poluição das grandes cidades, no mercado imobiliário, no consumo, na arrecadação de impostos de regiões metropolitanas etc. Há muitos interesses envolvidos que escapam ao simples antagonismo empregador *versus* empregado. Embora a mídia, de braços dados com os grandes anunciantes, tenda a destacar os casos malsucedidos, eu vivenciei experiências muito interessantes de empresas que foram para o remoto e não voltaram mais para o presencial.

Quando eu fui responsável pela contratação de uma pequena equipe para uma edtech (startup de educação) global que estava expandindo suas operações no Brasil, todos os profissionais contratados atuavam em regime híbrido, seguindo a orientação do *country manager*, que acreditava na importância do trabalho presencial. Eles mantinham um espaço de coworking em São Paulo, onde a equipe de oito pessoas se reunia regularmente. No entanto, com a chegada da pandemia, a equipe teve que migrar para o trabalho remoto, uma decisão que, a princípio, foi vista com certo ceticismo pela liderança.

Com o passar do tempo, ficou claro que a mudança para o trabalho remoto não apenas manteve, como melhorou a produtividade e o comprometimento da equipe. Com o fim do isolamento social, a empresa decidiu não retornar ao modelo presencial, permitindo que os profissionais trabalhassem de suas cidades de origem. Nos anos seguintes, a equipe cresceu para doze pessoas, espalhadas por diferentes regiões do Brasil, desde o interior de São Paulo até cidades do litoral da Bahia. Muitas delas aproveitaram essa liberdade para se mudarem para lugares mais tranquilos, sem prejuízo à qualidade do trabalho ou à remuneração.

O mundo do trabalho que emergiu dessa crise é mais flexível, dinâmico e global, e gera uma gama de oportunidades para profissionais dispostos a se adaptar, aprender novas habilidades e abraçar a mudança. E é nesse cenário que o conceito de global worker ganha ainda mais relevância, oferecendo um caminho claro e acessível para quem deseja prosperar no novo mundo do trabalho.

O FUTURO É AGORA

Assim como as empresas estão se ajustando para enfrentar os desafios e aproveitar as oportunidades que surgem com os avanços tecnológicos e culturais, nós, enquanto profissionais, também precisamos nos preparar para esse novo cenário. Não podemos nos dar ao luxo de permanecer em uma posição passiva, apenas testemunhando as mudanças ao nosso redor; é essencial que nos tornemos protagonistas do nosso próprio futuro.

Para isso, é fundamental compreender as tendências que estão moldando o mercado de trabalho, buscando entender essas transformações para que possamos nos antecipar a elas. Afinal, se 60%

NÃO PODEMOS NOS DAR AO LUXO DE PERMANECER EM UMA POSIÇÃO PASSIVA, APENAS TESTEMUNHANDO AS MUDANÇAS AO NOSSO REDOR; É ESSENCIAL QUE NOS TORNEMOS PROTAGONISTAS DO NOSSO PRÓPRIO FUTURO.

@GUSTAVOSENGES

dos empregados estão insatisfeitos com a posição atual,[15] por que não começar a mudar sua carreira o quanto antes?

Antes de passarmos para o capítulo seguinte, deixo uma fala de que gosto bastante, de autoria do CEO do Airbnb, Brian Chesky: **"As pessoas mais talentosas do mundo não estão mais em São Francisco ou em Nova York. Elas estão em qualquer lugar"**.[16]

Essa frase resume perfeitamente a nova realidade do mercado de trabalho global. O futuro está sendo anunciado há muito tempo, e ele já chegou. Precisamos agir. Vem comigo!

---

[15] 60% dos profissionais estão insatisfeitos com o emprego atual, e 20% já estão procurando uma nova posição. **Época Negócios**, 13 fev. 2023. Disponível em: https://epocanegocios.globo.com/colunas/profissionais-da-nossa-epoca/coluna/2023/02/60percent-dos-profissionais-estao-insatisfeitos-com-o-emprego-atual-e-20percent-ja-estao-procurando-uma-nova-posicao.ghtml. Acesso em: 2 nov. 2024.

[16] PARA o CEO do AirBnb, quem não adota o trabalho remoto está em desvantagem. **Exame**. Disponível em: https://exame.com/carreira/para-o-ceo-do-airbnb-quem-nao-adota-o-trabalho-remoto-esta-em-desvantagem/. Acesso em: 2 nov. 2024.

03 CONSTRUINDO UMA CARREIRA

Não é curioso que, sempre que escutamos alguém falar sobre carreira, essa pessoa esteja falando de um lugar de quem construiu uma trajetória de sucesso? Quando compramos um livro, nos matriculamos em um curso, assistimos a um vídeo ou uma palestra, o autor geralmente narra a sua carreira como uma sucessão de eventos bem planejados e com merecidas conquistas.

Pouca gente assume, mas essas narrativas costumam omitir incertezas, medos e fracassos vivenciados ao longo do caminho. Ao olharmos para trás, tendemos a reorganizar os eventos de uma maneira que pareçam mais coerentes e planejados do que realmente foram. E isso é natural, faz parte da lógica do mercado corporativo e de uma estratégia inteligente por parte do palestrante. Por outro lado, os ouvintes precisam ter o cuidado de não se deixarem impressionar ou diminuir por uma comparação irreal.

Acho muito nocivo adotarmos esse discurso de "consegui porque planejei, fui disciplinado e mereci". É fundamental reconhecer o papel da sorte, da mudança de percurso, do planejamento que não saiu como imaginávamos, da influência do meio em que vivemos, dos amigos que nos "deram um empurrãozinho" e até dos nossos privilégios para compreendermos o que realmente acontece na construção de uma carreira.

A verdade é que tudo ao nosso redor impacta a nossa vida e, consequentemente, a nossa carreira.[17]

A VIDA COMO ELA É

Desculpa se vou te decepcionar, mas combinamos que sempre falarei a verdade. A construção de uma carreira é muito mais uma sucessão de erros, acertos e imprevistos do que um movimento linear rumo ao sucesso. Quero que você perceba que toda jornada é repleta de altos e baixos, e que é justamente por causa dessas experiências que aprendemos e crescemos. É fundamental reconhecer que, por trás de toda narrativa de sucesso, existe uma série de tentativas, ajustes e mudanças de percurso. Vou usar a minha trajetória como exemplo.

Eu sempre fui muito cerebral. Em inglês, existe um termo para isso, que são os *thinkers,* em oposição aos *doers.* Em português, podemos definir os *thinkers* como planejadores ou pensadores, pessoas com uma postura mais reflexiva, em contraste com os *doers,* que seriam os realizadores, os executores, aqueles que colocam as ideias em prática com mais facilidade. No meu caso, sou um *overthinker*[18] até. Esse traço de personalidade marcou bastante o início da minha carreira. Até a escolha da minha graduação veio dessa característica. Sabia que escolheria um curso na área de Humanas,

---

[17] Um filme que ilustra muito bem como o meio em que estamos inseridos impacta a nossa vida e carreira é o clássico *A rede social*, que narra a história de Mark Zuckerberg e da criação do Facebook, enquanto Mark estudava em Harvard. O filme destaca como o ambiente universitário, com acesso a talentos e recursos, foi fundamental para o surgimento da plataforma, juntando mentes brilhantes que contribuíram para a criação de uma das redes sociais mais influentes do mundo.

[18] Um *overthinker* é uma pessoa que tende a pensar demais, analisando excessivamente situações, problemas ou decisões. Isso frequentemente leva à ansiedade, à indecisão e a dificuldades em agir rapidamente, devido ao excesso de análise e preocupação.

A CONSTRUÇÃO DE UMA CARREIRA É MUITO MAIS UMA SUCESSÃO DE ERROS, ACERTOS E IMPREVISTOS DO QUE UM MOVIMENTO LINEAR RUMO AO SUCESSO.

@GUSTAVOSENGES

mas nunca tive certeza de qual. Considerei Psicologia, Comunicação, Administração, Economia, Direito e até Ciências Políticas. Acabei fazendo duas graduações: Comunicação Social e Direito.

Hoje, consigo ver com mais clareza como essas escolhas se complementam na minha área de atuação. Mas, na época, foram mais fruto de indecisão do que de uma estratégia bem pensada. Olhando para trás, de onde estou agora, é fácil recontar minha história de modo que pareça que tudo foi cuidadosamente planejado, mas não foi bem assim.

Nesse meu **mundo das ideias**, já quis ser muita coisa. Um dos motivos de optar pelo curso de Comunicação Social foi o meu fascínio pelas propagandas criativas que ganhavam prêmios no Festival de Publicidade de Cannes. Eu ficava acordado até tarde para assistir às campanhas publicitárias vencedoras e imaginava uma carreira nas maiores agências do mundo.

A escolha pelo curso de Direito também teve motivação parecida. Sempre gostei de viajar e de aprender idiomas, e cresci assistindo ao Paulo Francis, um jornalista muito conhecido e polêmico na época, falar sobre Nova York, a Guerra Fria, política internacional e diversos temas interessantes. Foi assim que considerei estudar Direito, me imaginando em uma carreira diplomática.

Como você já deve ter notado, eu não criei nenhuma propaganda vencedora de festivais nem virei um renomado diplomata.

Felizmente, a realidade bateu à minha porta na hora certa e me mostrou que eu não era tão talentoso quanto imaginava para ser diretor de criação de uma grande agência, muito menos tinha perfil para passar em concursos para seguir a carreira diplomática. Sem falar que diplomatas recém-empossados não vivem em Barcelona ou Paris, como eu imaginava a minha "futura morada".

Foi importante passar por isso para descobrir que eu precisava ser menos planejador e começar a testar mais as coisas, passando a ser mais executor. Menos idealização e mais ação. Aprendi que não adiantava apenas sonhar, imaginar; eu precisava executar, experimentar e ajustar as minhas expectativas conforme a realidade. Isso trouxe uma virada de chave na minha vida e carreira, permitindo que eu desenvolvesse uma abordagem equilibrada entre planejar e fazer, entre sonhar e realizar.

Mais tarde, quando virei um estudioso de carreira, em busca de novos conhecimentos teóricos, acabei conhecendo uma metodologia desenvolvida por dois professores de Stanford, que confirmam o que aprendi com as pancadas da vida.

Eles aplicam a lógica do *design thinking* para projetar a vida e a carreira. O livro *O design da sua vida*,[19] de conteúdo inovador, provocativo e rápida leitura, nos motiva a reformular crenças e prototipar projetos. Ou seja, em vez de permanecer na inércia do mundo ideal, precisamos testar nossos planos e, se necessário, ajustar a rota. Esse movimento é contínuo.

Hoje, consciente dos tropeços que levei e das batalhas que enfrentei, agradeço pelas experiências que me proporcionaram muitos aprendizados. Com uma carreira nada convencional, tive a oportunidade de vivenciar um pouco de diferentes mundos, como o das carreiras públicas, o acadêmico, o do empreendedorismo e o do corporativo. Posso dizer que tive experiências muito ricas, mas nada muito planejado.

Cursei especialização e mestrado, trabalhei em cursos preparatórios para concursos na área de Direito, fui examinador da banca de exames da Ordem dos Advogados do Brasil (OAB),

---

[19] BURNETT, B.; EVANS, D. **O design da sua vida**: como criar uma vida boa e feliz. Rio de Janeiro: Rocco, 2017.

advoguei, fui professor universitário em cinco diferentes instituições, alcancei o cargo de coordenador da pós-graduação do Ibmec, fundei uma empresa de educação corporativa e, por fim, trilhei uma carreira executiva em empresas multinacionais.

Essas experiências me trouxeram uma visão bastante ampla do universo de diferentes carreiras e profissões. Acabei unindo minhas maiores paixões, que são educação e recrutamento de profissionais, para ajudar pessoas a desenvolverem as suas carreiras.

E agora que já passamos por pontos essenciais para entender o novo mundo do trabalho, chegou a hora de compartilhar aprendizados e reflexões importantes, frutos da minha experiência e de alunos e mentorados que tive o privilégio de orientar e com quem pude aprender nesses últimos anos.

PLANEJAR É MAIS IMPORTANTE DO QUE O PLANO

Eu gosto bastante dessa frase porque ela começa com um verbo. E verbo é ação!

O verdadeiro valor do planejamento está justamente na ação que ele gera. Quando nos dedicamos a planejar, estamos nos preparando para agir, enfrentar desafios e ajustar o caminho à medida que avançamos. É um ato dinâmico, que nos mantém em movimento, aprendendo e crescendo. Cada plano traçado é uma oportunidade de testar hipóteses, colocar ideias em prática e aprender com os resultados. Esta é a essência do planejamento: um ciclo constante de ação, avaliação e ajuste. E assim deve acontecer com a construção de uma carreira.

O plano pode mudar diversas vezes, o que permanece é a nossa atitude de planejar. Ao adotarmos essa mentalidade, estamos preparados para enfrentar qualquer desafio e aproveitar ao máximo cada oportunidade que surgir no caminho. O que separa quem vai passar a vida sonhando em ser diplomata, publicitário criativo ou global worker de quem vai efetivamente alcançar esses objetivos está nessa atitude de planejar e executar.

CARREIRA NÃO É CHEGADA. CARREIRA É JORNADA

A carreira não é uma figura estática, como uma fotografia; ela se assemelha mais a um filme. Na verdade, é até mais dinâmica que um filme, talvez como uma série da Netflix. Sabe aquelas séries longas e emblemáticas, com várias temporadas? Pois é, assim é a nossa trajetória profissional. Cada episódio pode ser visto como um emprego ou um projeto específico, com suas próprias histórias, seus desafios e seus aprendizados.

Às vezes, adoramos um episódio, e ele nos deixa empolgados e otimistas. Outras vezes, terminamos desanimados e sem entender o sentido ou a importância do que foi vivido. No entanto, todos os episódios se conectam e contribuem para a construção da narrativa. Da mesma maneira, em nossa carreira, cada experiência, trabalho, demissão, reprovação ou desafio é uma peça importante no desenvolvimento da narrativa profissional. Estarmos cientes de que somos os protagonistas de nossa jornada nos dá mais equilíbrio para enfrentar os altos e baixos que virão. E serão muitos!

Então, se você ainda pensa que ao alcançar aquela oportunidade profissional vai "consagrar sua trajetória" e, a partir de então, tudo estará resolvido, você precisa repensar alguns conceitos. Carreira é um processo contínuo, de experiências interligadas que vão se somando e se conectando.

CARREIRAS NÃO SÃO LINEARES

Cresci com a ideia de que a escolha de uma graduação nos define, ou melhor, nos aprisiona. Sou de um tempo em que escolher a faculdade registrava em pedra a sua profissão para o resto da vida. Felizmente, eu e amigos da minha geração estávamos enganados. Hoje, essa perspectiva mudou totalmente.

Pesquisas recentes[20] indicam que, ao longo da vida profissional, passaremos por diversas transições de carreira ou, como prefiro chamar, **expansões de carreira**. Não gosto do termo "transição" porque ele dá a ideia de substituição, quando na verdade é uma soma. Tudo o que aprendemos faz parte de nós e nos ajuda a ampliar nossas perspectivas e escolhas. Por isso, prefiro pensar em expansão de carreira.

À medida que avançamos e adquirimos novas habilidades e interesses, é natural que busquemos novos caminhos que nos desafiem e nos satisfaçam de maneiras diferentes. Essa flexibilidade é essencial para nos mantermos interessados e engajados.

O mercado de trabalho também está acompanhando essa mudança. O CEO do LinkedIn, Ryan Roslansky, e outros profissionais da área de recursos humanos apontam que estamos migrando para um mercado de habilidades, e que elas vão valer mais do que o diploma de graduação.[21]

---

[20] BROOM, D. Having Many Careers Will Be the Norm, Experts Say. **World Economic Forum**, 2 maio 2023. Disponível em: www.weforum.org/agenda/2023/05/workers-multiple-careers-jobs-skills/. Acesso em: ago. 2024.

[21] LINKEDIN CEO Ryan Roslansky: Skills, Not Degrees, Matter Most in Hiring. **Harvard Business Review**, 17 nov. 2022. Disponível em: https://hbr.org/2022/11/linkedin-ceo-ryan-roslansky-skills-not-degrees-matter-most-in-hiring. Acesso em: ago. 2024.

A formação acadêmica está perdendo sua relevância para os empregadores, que passam a valorizar mais as habilidades práticas e o que cada pessoa aprendeu ao longo da sua trajetória profissional. Portanto, a capacidade de adquirir novas habilidades e aplicá-las de maneira eficaz está se tornando mais importante do que o diploma.

É fundamental entender que a carreira não deve ser vista como uma linha reta, mas como um percurso cheio de curvas, desvios e mudanças de rota. O que você escolheu estudar na faculdade não define quem você é profissionalmente. Na verdade, a combinação de diferentes experiências e conhecimentos pode ser uma grande vantagem, trazendo uma perspectiva única e valiosa em qualquer campo em que você decida atuar.

O segredo é estar aberto a mudanças, buscar o aprendizado contínuo (*lifelong learning*) e não se prender a rótulos ou limitações impostas pelo "mercado" ou por suas próprias crenças.

CARREIRA É UMA JORNADA SOLITÁRIA

Costumo dizer essa frase aos meus mentorados nos primeiros encontros. Alguns se assustam, mas, quando explico, eles concordam e entendem que, ao dizer isso, quero encorajá-los para os (muitos) momentos desafiadores.

Quem não sentiu um frio na barriga na entrevista para a tão sonhada vaga, quando tinha que negociar um aumento, quando foi chamado pelo superior para escutar um feedback negativo ou teve que convocar um subordinado para comunicá-lo de seu desligamento? Ou quando estamos definindo os rumos de nossa graduação, em qual curso de especialização ou instituição investiremos tempo e dinheiro etc.? Não faltam exemplos de situações nas quais você poderá contar apenas consigo mesmo.

Recentemente, alguns casos chamaram atenção na mídia: jovens da Geração Z levaram os pais para acompanhá-los nas entrevistas de emprego.[22] Tirando a notícia curiosa, mesmo que a estratégia funcione e o candidato seja contratado, vale a pena pensar: isso vai trazer mais segurança ou vulnerabilidade para esse profissional no dia a dia de trabalho?

Já convivi com profissionais superseguros, que construíram suas jornadas em cidades ou até países onde não tinham nenhuma rede de apoio. Fizeram a caminhada sem indicação ou suporte de familiares e amigos, contando apenas com a própria determinação. Essas pessoas, ao enfrentarem desafios e superarem obstáculos sozinhos, fortaleceram as habilidades que já tinham, aprenderam novas e se tornaram ainda mais valorizadas no mercado de trabalho global.

Por outro lado, tive a oportunidade de mentorar um profissional que estava enfrentando enorme resistência dos empregados da empresa da família, para a qual ele havia sido preparado por anos para assumir. Desde a escolha do curso de graduação, ele contou com a influência do pai, e essa dependência o enfraquecia diante do olhar dos demais executivos e subordinados, que o viam como alguém que não obteve sucesso por mérito próprio.

Esse contraste entre os dois casos demonstra como é crucial desenvolver a autonomia e a capacidade de lidar com os desafios por conta própria. O caminho para o sucesso em qualquer carreira exige que sejamos independentes e autossuficientes – mas que, claro, saibamos colaborar e trabalhar em equipe. Quanto mais desenvolvemos

---

[22] ALVES, S. Jovens recém-formados estão levando os pais como acompanhantes em entrevistas de emprego. **Época Negócios**, 8 jan. 2024. Disponível em: https://epocanegocios.globo.com/futuro-do-trabalho/noticia/2024/01/jovens-recem-formados-estao-levando-os-pais-como-acompanhantes-em-entrevistas-de-emprego.ghtml. Acesso em: 2 nov. 2024.

o nosso espírito de autonomia, mais nos tornamos seguros e colaborativos. Por outro lado, o inverso também é verdadeiro; quanto mais dependentes, mais competitivos e inseguros seremos.

O PAPEL DO MENTOR

Embora a jornada seja solitária, não significa que você precisa enfrentá-la sozinho. Tanto para quem está começando quanto para profissionais mais experientes, o caminho da carreira frequentemente impõe momentos de fragilidade, incertezas e uma espécie de solidão, na qual as decisões importantes precisam ser tomadas de modo individual.

Aqui entra a figura do mentor. Alguém que já trilhou o caminho que você está prestes a seguir, que enfrentou desafios semelhantes e acumulou sabedoria e experiência ao longo do percurso. A função do mentor é proporcionar orientação, clareza e suporte contínuo, ajudando você a navegar pelas complexidades da carreira com mais confiança e, posteriormente, autonomia. Com um mentor, você tem a chance de aprender com os erros e acertos de alguém com mais experiência, evitando armadilhas comuns e acelerando seu progresso.

E importante: ter um mentor não elimina a necessidade de tomar decisões por conta própria, só torna o processo mais claro e estratégico.

"FAÇA O QUE AMA E NUNCA MAIS VAI PRECISAR TRABALHAR"

Esse é um dos maiores mitos e um dos conselhos mais perigosos para quem está construindo uma carreira. A intenção da mensagem pode até ser boa, mas o impacto de acreditarmos nela nos traz sensação de fracasso e frustração ao longo da vida. Primeiro porque ela confunde trabalho com paixão, e segundo porque mesmo aqueles que constroem carreiras incríveis também enfrentam muitas dores e desafios na rotina profissional.

Scott Galloway, autor e professor de marketing na New York University, nos Estados Unidos, alerta para o risco de confundirmos trabalho com paixão.[23] Ele explica de maneira bem-humorada que esse mito se popularizou porque as grandes universidades americanas costumam convidar dois tipos de pessoas para a cerimônia de formatura: bilionários ou profissionais muito bem-sucedidos. Em ambos os casos, as narrativas são de pessoas muito ricas e que conquistaram seu patrimônio às custas de muito sacrifício em um trabalho nada glamoroso.

Na verdade, o caminho é inverso. Ao nos prepararmos e ficarmos cada vez melhores naquilo que decidimos fazer, nos sentiremos mais valorizados e seguros, e daí surgirão a satisfação e a realização profissional. Como diz o professor Galloway, de modo pragmático, o retorno financeiro, o prestígio, a relevância e a autovalorização são capazes de nos deixar apaixonados por aquilo que escolhemos fazer, e não o contrário.

Trabalhar é duro, enfrentamos muitos obstáculos, convivemos com pessoas difíceis que nunca escolheríamos por vontade própria para fazer parte de nossa rede de amizades, seguimos regras das quais discordamos etc. Essa é a verdade. E assim devemos encarar a construção da carreira e a busca por trabalhos que se ajustem ao nosso jeito, na medida do possível. Não confunda isso com paixão.

---

[23] ARBEX, P. Não confunda trabalho com paixão, diz Scott Galloway. **Brazil Journal**, 29 dez. 2020. Disponível em: https://braziljournal.com/nao-confunda-trabalho-com-paixao-diz-scott-galloway. Acesso em: 2 nov. 2024.

E O PROPÓSITO?

Assim como o mito da paixão pelo trabalho, existe também quem insiste em dizer que toda carreira deve ter um propósito. Não estou encorajando ninguém a desistir de construir uma carreira baseada em interesses, gostos, preferências e essencialmente naquilo que somos bons em fazer. Se propósito para você se refere ao conceito de objetivo, plano ou intuito, tudo bem. Devemos, então, aprender com a Geração Z e buscar não apenas um, mas vários propósitos ao longo da carreira.

O problema é quando interpretamos propósito como a única razão de nossa existência, aquilo que dá sentido e justifica despertar todas as manhãs, quase como uma missão divina. Essa é outra armadilha perversa, especialmente para os que estão iniciando a trajetória profissional.

Prefiro pensar a carreira como uma construção constante, na qual vamos atribuir significado à medida que caminhamos e experimentamos a realidade na prática. Quem mantém esse olhar interessado e desbravador certamente vai experimentar muitos momentos de realização e propósitos (sim, no plural!). Até porque somos seres em permanente transformação e desenvolvimento. Aquilo que nos parecia fundamental aos 18 anos muda radicalmente, e diversas vezes, ao longo da vida.

Há um artigo de que gosto muito escrito pelo professor canadense Stephen Friedman e intitulado "Sua carreira não precisa ter um propósito".[24] O interessante é que o material é fruto da pesquisa e da experiência prática do autor, que também atua como mentor

---

[24] FRIEDMAN, S. Your Career Doesn't Need to Have a Purpose. **Harvard Business Review**, 23 abr. 2024. Disponível em: https://hbr.org/2024/04/your-career-doesnt-need-to-have-a-purpose. Acesso em: 3 nov. 2024.

de carreiras e pesquisador na área de liderança, negócios e recursos humanos. Vale a pena ler o artigo, mas quero destacar um trecho:

> [...] há poucas evidências de que um "único propósito" seja necessário para uma carreira gratificante. Na verdade, pode ser exatamente o oposto. É surpreendentemente comum ir atrás daquilo que pensamos ser o nosso "propósito" apenas para descobrir que o odiamos. A evidência conecta a satisfação profissional a coisas menos nobres, como fazer "o que você gosta, prefere, curte" e "aquilo em que você é bom". O crescimento proveniente da experimentação, da curiosidade e da aprendizagem ao longo da vida estão associados à satisfação profissional.

DESCUBRA SUAS FORÇAS, NÃO SUA PAIXÃO

Se eu pudesse dar somente um conselho de carreira com base nas diversas histórias de sucesso com as quais convivi, seria esse. Pare de buscar o caminho mais difícil quando o mais simples está logo ali na sua frente. Ou seja, procure fazer aquilo que é mais fácil para você. Todos nós partimos de qualidades e habilidades natas que serão somadas às vantagens competitivas do ambiente em que estamos inseridos, e essa combinação nos transforma em quem somos agora.

É preciso que saibamos reconhecer essas nossas forças para potencializá-las e, posteriormente, nos beneficiarmos delas. Não se deixe influenciar pelo discurso de muitos profissionais que preferem esconder as facilidades que encontraram ao longo do percurso e atribuir todas as suas conquistas ao mérito pessoal.[25] Não há vergonha nenhuma em optar pelo caminho mais fácil. Na verdade, é sinal de inteligência e profundo autoconhecimento.

Entenda que não estou diminuindo o papel do esforço pessoal, apenas sugerindo que esse esforço seja aplicado naquilo que você já é naturalmente bom. É a metáfora do peixe tentando subir em uma árvore. Fazer escolhas baseadas em nossas forças e habilidades ou, de um jeito simples, **naquilo em que somos naturalmente bons**, é uma das estratégias mais bem-sucedidas de carreira. O peixe precisa encontrar o seu habitat ideal para viver e prosperar.

Sobre isso, gostaria de trazer histórias reais de quem fala com transparência sobre o assunto. Recomendo o podcast *The Business of Life*,[26] que consiste em uma série de entrevistas com profissionais renomados nas mais diversas áreas. Diferentemente de outros papos de carreira, quando os entrevistados escondem seus medos e fracassos e atribuem o sucesso exclusivamente aos seus méritos e talentos, neste, o brilhante entrevistador Nilton Bonder consegue extrair, com muita cumplicidade, a verdade de seus convidados.

Já escutei quase todas as entrevistas e gostaria de destacar as do jornalista Pedro Bial, do economista Armínio Fraga, do médico Paulo Niemeyer e do também jornalista e compositor Nelson Motta.

---

[25] Para quem se interessa pelo tema da meritocracia, gostaria de recomendar dois livros de autores americanos. São leituras um pouco densas, então sugiro prosseguir se você está com tempo e disposição para se aprofundar no assunto. O primeiro, do consagrado jurista Michael Sandel, chama-se *A tirania do mérito: o que aconteceu com o bem comum?* (Civilização Brasileira, 2020). E o segundo, do professor de Direito de Yale Daniel Markovits, chama-se *A cilada da meritocracia: como um mito fundamental da sociedade alimenta a desigualdade, destrói a classe média e consome a elite* (Intrínseca, 2021).

[26] THE BUSINESS of Life. **Brazil Journal**. Disponível em: https://braziljournal.com/tag/the-business-of-life/. Acesso em: 3 nov. 2024.

Com carreiras e narrativas totalmente distintas, há um ponto que aproxima todos eles: reconhecer que suas forças, habilidades e oportunidades tiveram impacto direto em suas decisões profissionais.

Para quem gosta do tema, ou simplesmente quer ouvir histórias inspiradoras, recomendo tirar uma horinha no final do dia para escutar. Não vou dar spoiler, mas quero destacar uma passagem da entrevista do Pedro Bial; indagado sobre o motivo de ter seguido na difícil e cobiçada carreira de correspondente internacional, ele humildemente respondeu: "Porque era mais fácil para mim".

É isso! Busque se autoconhecer e encontrar o caminho mais fácil para você também. E conte comigo para te apoiar na sua jornada!

VOCÊ NÃO É O SEU TRABALHO

Antes de passarmos ao próximo capítulo, de todos os assuntos que discutimos aqui, se você conseguir lembrar de apenas um, que seja este: não confunda quem você é com o seu trabalho.

Como diz o autor e mentor de carreiras Luciano Santos,[27] "você não é o seu crachá". Lembre-se sempre desse ensinamento, pois ele é fundamental para preservar a sua identidade e manter o equilíbrio entre vida pessoal e profissional.

Como nos ensina o ex-presidente do Uruguai, Pepe Mujica, em seu depoimento provocativo e desconcertante "Viver não é só trabalhar": a vida é muito mais do que isso. É uma aventura, e nosso dever é fazer dela uma jornada que faça sentido para nós e para as pessoas que amamos.

---

[27] Luciano Santos é autor do best-seller *Seja egoísta com sua carreira: descubra como colocar você em primeiro lugar em sua jornada profissional e alcance seus objetivos pessoais*, publicado pela Gente em 2021. Essa é uma obra indispensável na estante de quem pretende construir uma trajetória profissional de sucesso sem abrir mão da vida pessoal.

www.instagram.com/reel/C--LCVkPRfp/

Agora que estamos todos inspirados e conscientes de que, além de trabalhar, precisamos viver com liberdade, flexibilidade e autonomia, vou apresentar os bastidores das empresas que contratam global workers.

04 O UNIVERSO DOS GLOBAL WORKERS

Se eu gostasse de sensacionalismo, poderia ter dado a este capítulo o título de "Revelando os segredos do mercado de trabalho dos global workers", porque é disso que vamos tratar aqui. Mas prefiro me manter fiel à minha personalidade mais *low profile*.

Vou apresentar os bastidores desse mercado de trabalho sob a perspectiva de quem trabalhou por mais de treze anos do lado das empresas que contratam global workers, a chamada *staffing industry*. Essa visão me proporcionou compreender as expectativas e necessidades dos empregadores, e acredito que esse conteúdo será bastante útil para você. Lembre-se de que o nosso livro não deve ser sua única fonte de aprendizado sobre o assunto. Hoje, por meio da internet, você consegue se aprofundar em muitos dos temas que estamos discutindo aqui.

Um aviso: quando terminei de escrever este capítulo, me dei conta da quantidade de termos técnicos e em inglês usados por essa indústria, por isso decidi criar o "Dicionário GWorker" ao final do livro. Então, não se preocupe em decorar ou tomar nota de tudo.

Pronto, podemos começar?

QUAIS SÃO AS EMPRESAS INTERESSADAS EM CONTRATAR GLOBAL WORKERS

Muita gente simplesmente não entende quais são e por qual motivo empresas sediadas do outro lado do oceano ou ao norte do Equador decidem contratar profissionais em Florianópolis, São Paulo, Rio de Janeiro ou qualquer cidade brasileira. Confesso que eu também não entendia antes de 2010, quando tive os primeiros contatos com a indústria de *staffing*.

De modo bem resumido, existem dois motivos para isso. O primeiro é quando empresas estrangeiras planejam expandir para o mercado brasileiro, mas por cautela preferem "testar o mercado" antes de dar um passo maior. Nesse caso, elas iniciam a operação de maneira bastante enxuta, sem precisar abrir uma entidade local, contratar contadores, advogados, abrir conta em banco etc.

Muitas empresas estrangeiras, especialmente americanas, canadenses e britânicas, estão familiarizadas com esse modelo de negócios que lhes permite iniciar a operação em um país estrangeiro evitando algumas etapas da burocracia local. Elas ainda ganham "de brinde" a possibilidade de testar o mercado de destino antes de tomar uma decisão definitiva. Em outras palavras, mercados mais maduros do que o nosso encaram esse modelo de contratação como uma estratégia de negócios muito utilizada.

Atendi clientes que já eram grandes em seus países, alguns deles com mais de 5 mil empregados no mundo, mas que, ao aportarem no Brasil, preferiram testar o mercado e começar contratando pequenos times locais no modelo global workers. Quando falo "pequenos", me refiro a equipes de cinco a oito profissionais em média. Normalmente, um *country manager*, dois a três desenvolvedores de negócios, dois *account managers* e mais duas posições de suporte. Isso é suficiente para uma empresa estrangeira dar os primeiros passos e começar a operar no país.

O outro motivo que leva uma empresa a contratar profissionais brasileiros é puramente por nossas habilidades. Nesse caso, independe do fato de abrir operação no país ou não. Na verdade, o mercado brasileiro não tem interesse ou relevância para esse perfil de empresa que busca apenas recrutar mão de obra qualificada – e, por "mera coincidência", esses profissionais estão no Brasil.

Também trabalhei contratando equipes locais para esse perfil de cliente estrangeiro. Em geral, são empresas que valorizam profissionalismo, jogo de cintura e bom relacionamento interpessoal, combinados com nosso fuso horário, que agrada tanto americanos quanto europeus (estamos de uma a cinco horas para mais ou para menos das principais capitais do mundo) e ainda uma taxa de câmbio altamente atrativa. Com a atual faixa cambial, na qual o nosso real oscila entre cinco e seis por cada dólar ou euro,[28] uma remuneração de 5 ou 6 mil dólares pode ser considerada baixa para um empregador estrangeiro, porém altamente atrativa para um profissional local. Aproveitando, trago mais um dado interessante: **25 mil reais é a média salarial** de um global worker em 2024, segundo a pesquisa *Global Workers*, da fintech Husky, da qual já falamos.

Faltou eu traçar o perfil dessas empresas que buscam global workers no Brasil e na América Latina, não é? Então, vamos lá! Quanto ao segmento, podemos considerar dos mais variados que você pode imaginar, como farmacêutico, segurança de redes, entretenimento, streaming, fabricação de equipamentos de informática, marketing, desenvolvimento de software, publicidade, *e-learning*,

---

[28] A escrita desta obra terminou em setembro de 2024. Portanto, esses números refletem a taxa de câmbio à época.

fintech, biotecnologia, agronegócio etc. A lista é bem extensa, e eu gostaria muito compartilhar alguns nomes, mas há impedimentos legais e contratuais, então vou ficar devendo essa...

Em relação ao tamanho dessas empresas, há um pouco de tudo. A maior parte é de pequeno porte, ou seja, até mil empregados. Seguidas pelas de médio porte, que já puderam testar e consolidar seus produtos ou serviços nos mercados de origem e estão entrando na fase de expansão global. Esse processo se dá quando elas passam a receber rodadas de investimentos de fundos de *venture capital* ou *private equity* em seus países.

E por fim, há também empresas grandes na lista. Em uma das empresas de *staffing* que trabalhei, atendíamos um par de clientes com mais de 25 mil empregados. No entanto, esse não é o perfil mais comum. Em geral, empresas muito grandes ou já estão estabelecidas no país ou, quando entram, optam pelo modelo tradicional.

COMO AS EMPRESAS BUSCAM E RECRUTAM GLOBAL WORKERS

Não existe uma única rota para chegar ao candidato ideal. Em geral, a primeira opção é recorrer a alguma indicação interna, vinda de outro profissional que já trabalha na empresa. Nesse caso, a oportunidade nem chega a ser publicada em alguma plataforma de vagas, como o LinkedIn. Em seguida, a depender do porte da empresa, ela pode usar um recrutador para contatar esse candidato, ou o próprio profissional contratante entra em contato direto. Em qualquer um dos casos, ambos vão dar uma espiada no perfil do LinkedIn do candidato, antes de convidá-lo para a(s) entrevista(s). Perceba que, nesse cenário, existiu uma combinação de networking, perfil atualizado no LinkedIn e participação de um recrutador, o que em geral o candidato não supõe, pois acredita ter sido selecionado por um recrutador apenas.

Em uma segunda opção, quando não há indicação interna para a posição, a empresa deverá postar a vaga em alguma plataforma, normalmente o LinkedIn. Com a chegada das candidaturas, alguém da equipe fará uma triagem nos perfis dos interessados. Essa triagem pode ser feita pelo time de recrutamento e seleção, se houver, ou pela equipe que vai trabalhar diretamente com o candidato escolhido. O que muda nessa fase da triagem é, novamente, o tamanho da empresa. Startups e empresas menores não costumam manter recrutadores internos, diferentemente das empresas de médio e grande porte. Nesse cenário, a proatividade do candidato conta bastante, pois, sem isso, ele não teria como chegar à vaga. Além disso, o fato de manter o LinkedIn atualizado é fundamental.

Há ainda um terceiro cenário, quando a empresa parte para as buscas de maneira aleatória, sem ter recebido candidaturas. Isso acontece quando precisamos recrutar para posições específicas, normalmente muito técnicas, em áreas que há mais demanda que oferta de profissionais. Sim, você acertou se pensou em perfis de tecnologia.

Por fim, acrescento mais um componente nesse tabuleiro. As empresas globais de *staffing* que ajudam seus clientes – empresas contratantes – a recrutar e selecionar os candidatos. Em geral, elas são contratadas para auxiliar empresas que não contam com departamentos de recrutamento para realizar essa tarefa.

Há outras rotas para chegar aos bons candidatos, mas eu trouxe aqui os caminhos mais utilizados. Como imagino que você esteja mais interessado em estar na posição do profissional selecionado do que da empresa contratante, a lição que devemos tirar daqui é: se queremos aumentar nossas chances de contratação, devemos cuidar de todas as rotas sob nosso controle. São elas: rede de relacionamentos (network), currículo atualizado (LinkedIn etc.) e aprender a buscar, selecionar e se candidatar para vagas (pesquisa ativa).

QUAL É O REGIME DE TRABALHO DO GLOBAL WORKER

Há duas maneiras distintas para uma empresa sem presença no país contratar profissionais brasileiros. Quando falo sem presença, me refiro a não ter CNPJ no Brasil, que é o principal requisito para que qualquer negócio possa operar no país.

Como vimos no tópico anterior, a estratégia amplamente adotada pelas empresas que estão iniciando seu processo de expansão ou, simplesmente, de contratação globais consiste em não constituir uma entidade no país. Sendo assim, resta a essas empresas optar pelo modelo de empregado ou de pessoa jurídica (PJ).

Começaremos pelo modo mais comum de contratação de global workers, que é por meio do regime de PJ. Nesse modelo, o profissional atua como um prestador de serviços, emitindo notas fiscais para a empresa contratante. O termo em inglês usado para esse tipo de profissional é *independent contractor* (ou a sigla IC) ou simplesmente *contractor*. Algumas empresas contratantes utilizam o código 1099 para se referir a eles. A numeração é como a receita federal americana, o IRS, identifica esse profissional PJ por meio de um formulário próprio.

A segunda maneira de contratação se dá pelo tradicional modelo CLT. Surpreso? Muita gente acredita que, para se beneficiar das vantagens de ser um global worker, precisa abrir mão da estabilidade e dos benefícios da carteira assinada. No entanto, isso é um engano comum. Na realidade, muitas empresas que contratam global workers oferecem contratos de trabalho que garantem todos os benefícios de um emprego "tradicional", conhecido no Brasil como CLT. Em inglês, usamos o termo FTE, ou seja, *full time employee.*

Esses contratos de trabalho são iguais aos de quem trabalha para uma empresa local, pois garantem todos os direitos trabalhistas, incluindo férias remuneradas, 13º salário, contribuição para a previdência social e até benefícios como plano de saúde e de vida. Portanto, é possível desfrutar de todas as vantagens de uma carreira global sem sacrificar a estabilidade financeira e os benefícios que um contrato CLT oferece.

ESTABILIDADE, ISSO AINDA EXISTE?

Antes de continuar, peço licença para uma pequena pausa: vou explicar como entendo o conceito de estabilidade no novo mundo do trabalho. Não existe mais estabilidade como conhecíamos há algumas décadas. Houve uma época em que as pessoas construíam a vida profissional inteira em uma única empresa. Ingressavam no primeiro emprego logo depois de formados e lá permaneciam até a aposentadoria. Era comum encontrarmos profissionais com vinte ou trinta anos de casa. Essa realidade mudou, e, a cada nova geração, o tempo de permanência no mesmo emprego vem caindo drasticamente.

Vivemos em um mundo volátil, repleto de mudanças constantes, onde **o empregado de hoje é o desempregado de amanhã**. Sim, eu sei que essa frase vai te assustar, mas aprendi a conviver com esse sentimento de incerteza e prefiro estar preparado para tomar decisões a deixar que a empresa as tome por mim. Portanto, a única verdadeira estabilidade é a que criamos para nós mesmos, combinando planejamento financeiro e uma carreira estruturada.

A ÚNICA VERDADEIRA ESTABILIDADE É A QUE CRIAMOS PARA NÓS MESMOS, COMBINANDO PLANEJAMENTO FINANCEIRO E UMA CARREIRA ESTRUTURADA.

@GUSTAVOSENGES

Eles funcionam como paraquedas que podemos acionar nos momentos de crise.

O paraquedas principal: faça uma reserva de emergência! Isso significa manter uma quantia em dinheiro que permita cobrir seu custo de vida por determinado período. Esse valor vai variar em função do cenário de cada um, mas os especialistas financeiros recomendam o mínimo de seis meses, podendo chegar a um ano ou até mais. Essa reserva financeira vai trazer tranquilidade e tempo para lidar com os imprevistos.

Lembrando que quanto mais alto o cargo, mais alto o tombo, e mais demorada a recolocação. Não por questões de idade do profissional, mas por uma razão matemática. O modelo de cargos se assemelha a uma pirâmide; isto é, quanto mais alto na hierarquia, menos vagas disponíveis.

E, infelizmente, empregadores sabem como se beneficiar desse cenário do candidato. Recrutadores mais experientes facilmente percebem quando o profissional não tem pressa em iniciar na vaga ou quando está ansioso porque, provavelmente, o fôlego financeiro está acabando. Esse fator pode impactar a negociação salarial, que costuma ter uma faixa mínima e máxima a ser ofertada. Sempre fui contrário a essa abordagem, mas é algo que existe, e com o qual você precisa estar preparado para lidar.

A segunda maneira de garantir a sua estabilidade é ter uma carreira bem planejada, sobretudo com uma rede de contatos viva e ativa. Isso significa construir uma trajetória profissional com uma narrativa coerente, uma série de trabalhos interligados que se complementam – e, sobretudo, estar visível aos olhos do mundo.

Não espere para procurar pessoas com quem você não fala há anos ou para reformular o seu perfil do LinkedIn estagnado em

2020 depois de sofrer o trauma. Isso é o mesmo que acionar seu paraquedas reserva depois de já ter tocado o solo. Sei que poucos seguem essas orientações, mas sempre que posso tento compartilhar essa estratégia "salva-vidas".

Lembre-se: carreira é uma sucessão de ciclos que se repetem e se encadeiam como episódios de uma série da Netflix. Precisamos escrever muito bem o roteiro de cada capítulo – ao menos aquilo que depende de nosso poder de decisão!

COMO GLOBAL WORKERS SÃO REMUNERADOS NO BRASIL

Agora que entendemos como os global workers são contratados, vamos explorar as maneiras como eles podem ser remunerados no Brasil. Existem três principais métodos de pagamento para global workers, um como CLT e dois como PJ.

A primeira maneira é usar uma empresa de EOR, em inglês *employer of records,* com presença no Brasil e capacidade legal de contratar qualquer profissional localmente como CLT. Essas empresas contratam global workers para trabalhar para seus clientes internacionais, ficando responsáveis pela folha de pagamento, recolhimento dos encargos trabalhistas, gestão de benefícios – como plano de saúde, vale-alimentação e quaisquer outros – que a empresa cliente decida conceder ao empregado brasileiro.

As empresas de EOR possuem contrato comercial com a empresa cliente, que garante um pagamento mensal com base em um percentual do salário do empregado.

Do lado do empregado, que é o que mais nos interessa aqui, ele seguirá uma rotina de trabalho dedicada à empresa cliente, mas, nos bastidores – como questões de folha de pagamento, contracheque, plano de saúde e qualquer outro tema de recursos humanos –, ele vai se relacionar com a filial brasileira da empresa de EOR.

Ficou confuso? Então, observe a representação visual a seguir:

Esse modelo é o mais utilizado por empresas que têm planos de expandir a operação para o Brasil, mas estão no estágio de conhecer e experimentar o mercado local antes de dar esse passo.

A segunda maneira é por meio dessas mesmas empresas, nesse caso chamadas de AOR, *agent of records*, que, em vez de contratar como CLT, optam por contratar o global worker como pessoa jurídica. Nesse cenário, o global worker precisa ter um CNPJ para poder emitir nota fiscal mensalmente e, assim, receber a sua remuneração por intermédio da filial local de uma empresa de AOR.

Esse modelo de pagamento é utilizado tanto por empresas que pretendem expandir para o Brasil quanto por aquelas que se interessam pelos talentos brasileiros, mas não têm a intenção de operar no país.

Nesse caso, a figura ficaria assim:

A terceira maneira é quando o global worker é pago diretamente pela empresa estrangeira. Portanto, não há a participação de uma empresa de EOR/AOR para gerenciar o pagamento, que é realizado diretamente pela empresa cliente no exterior. O profissional também precisa constituir uma pessoa jurídica e emitir as notas fiscais diretamente à empresa cliente no exterior.

Nesse caso não existe triangulação, pois não há a necessidade de uma empresa de EOR/AOR/*staffing* para fazer a intermediação do pagamento, já que a empresa estrangeira paga ao global worker diretamente. Por outro lado, é preciso uma instituição financeira para processar a remessa internacional, que nesse caso será um fluxo de entrada em moeda estrangeira (em sua grande maioria, em dólares) da empresa internacional para o global worker. Atualmente, além dos grandes bancos tradicionais, há várias opções especializadas nessa operação, como as fintechs digitais de meios de pagamento.

Para esse modo de pagamento, a imagem seria diferente das duas anteriores:

Não há uma regra, mas, em geral, esse modelo costuma ser utilizado por empresas interessadas na contratação de profissionais brasileiros para projetos internacionais. Por isso, os perfis que optam por esse modelo de contratação são os profissionais com habilidades globais relacionadas a tecnologia e indústria criativa – designers, marketing, mídia, arquitetos, produtores de conteúdo...

Esses três modos de remuneração oferecem vantagens e desvantagens tanto para as empresas quanto para os profissionais. Ressalto, porém, que a escolha do modelo é uma decisão que cabe à empresa contratante, com base em critérios complexos que envolvem análises jurídicas e financeiras. De qualquer modo, é fundamental que o global worker entenda as possibilidades que existem e como está sendo contratado.

COMO ME TORNAR UM NÔMADE DIGITAL

O conceito de nômade digital pode parecer novo para alguns, mas é uma tendência que vem crescendo exponencialmente de quatro anos para cá. E, como já vimos no capítulo 1, todo nômade digital precisa ser um global worker para poder aproveitar o mundo enquanto trabalha.

Nos últimos anos, conheci global workers que aproveitam a flexibilidade e a liberdade proporcionadas por seus empregos, para experimentar a vida em diferentes cidades ou até mesmo em outros países. Esse movimento é bastante natural, pois a liberdade geográfica que o trabalho remoto oferece é uma oportunidade tentadora para quem deseja conhecer novos lugares sem comprometer a carreira.

Sempre que algum mentorado me pergunta a respeito, a minha resposta costuma ser: "Vá, não deixe de aproveitar essa oportunidade que será um diferencial na sua carreira e, mais ainda, na sua vida!". Em seguida, explico: venho de uma época "não muito distante", quando trabalho e viagem não caminhavam juntos. Quem tinha interesse em conhecer outros lugares e explorar novas culturas precisava trabalhar, poupar o máximo de dinheiro possível, pedir demissão do trabalho e partir para essa aventura, ciente das dificuldades para se recolocar no mercado quando retornasse.

Vou dizer mais, o conceito de sabático também não era comum nem bem-visto pelo mercado, que entendia que todo jovem profissional deveria seguir uma trajetória convencional e linear: cursar a faculdade, fazer estágio e trabalhar. Esses "caminhos alternativos", além de manchar o currículo de quem estava começando a carreira, eram considerados opções para poucos privilegiados. Confesso que eu fui um desses "privilegiados" – ou inconsequentes. Durante o penúltimo ano de faculdade, trabalhei em loja, poupei cada centavo e vendi o meu carro, o meu adorado Fiat Uno, para poder me aventurar por um ano na Europa, aprendendo idiomas, conhecendo novas culturas, fazendo amigos e *vivendo*! Vou carregar comigo a vida toda a experiência que adquiri e as línguas que aprendi. Por isso, me declaro suspeito para opinar sobre o assunto.

Quem pretende fazer as malas precisa saber que há basicamente duas formas de se iniciar no nomadismo digital. Há aqueles que se autodenominam nômades e aproveitam a flexibilidade da vida de um global worker para explorar outros países em estadias mais curtas, utilizando o visto de turista. Nesses casos, o modelo quase se confunde com o conceito de *workcation*,[29] vivenciado por quem trabalha enquanto viaja, ou viaja enquanto trabalha.

E há o segundo tipo, que é o "nômade oficial", aquele profissional que solicita o visto para nômade digital. Essa modalidade é ideal para profissionais que pretendem passar mais tempo em outro país, pois permite estadias mais longas, por até dois anos (um ano, renovável por mais um).

A relação de países que oferecem esse tipo de visto só cresce. Hoje, são 65 países dos mais diversos continentes com portas abertas para receber essa nova geração de profissionais.[30] Dentre os requisitos para obter a documentação, exige-se: comprovação de trabalho (seja relação de emprego, seja prestação de serviço) e

---

[29] *Workcation* ou *workation* é a mistura das palavras *work* (trabalho) e *vacation* (férias), referindo-se a um conceito no qual as pessoas combinam trabalho remoto com viagens de lazer. A ideia é que você pode realizar suas atividades profissionais em um local de férias, aproveitando ao mesmo tempo para relaxar e explorar novos destinos, sem interromper suas responsabilidades de trabalho.

[30] Esse era o número até o fechamento desta obra, em setembro de 2024. Mas, não se preocupe, pois manteremos a nossa lista disponível ao final deste capítulo sempre atualizada.

renda mínima anual, cujo montante é definido por cada país com base no custo de vida local.

Do ponto de vista dos próprios países, o movimento faz parte de uma estratégia para atrair profissionais qualificados e impulsionar a economia local. Exatamente por isso, estamos testemunhando esse aumento na oferta de vistos para nômades digitais ou outras modalidades específicas para profissionais remotos.

Independentemente do tipo escolhido, será sempre necessário trabalhar para uma empresa com políticas de *work from anywhere* (ou WFA, em sua forma abreviada). E, evidentemente, comunicar e obter a aprovação dos seus líderes. Na última empresa em que trabalhei, como possuíamos esse DNA de WFA, implementamos um departamento de migração para analisar os pedidos de mudança dos empregados e orientá-los juridicamente sobre requisitos legais e questões tributárias. Embora a responsabilidade fosse do empregado que solicitou a mudança, a empresa queria evitar contratempos.

Sob a ótica do candidato a nômade, há uma lista de recomendações a seguir. Antes de escolher o seu futuro destino, é aconselhável se informar sobre a qualidade do wi-fi e garantir que há alternativas próximas, como espaços de coworking e cafés com boa conectividade. Falo isso pois nem sempre os nômades optam por países ou capitais convencionais. Pelo contrário, tivemos casos de pedidos de mudança para arquipélagos na Malásia, para a Noruega, para a Ilha da Madeira (território português) e até para zonas rurais na Tailândia.

Aqui vai uma informação interessante: você sabia que o Brasil foi o primeiro país da América do Sul a aprovar a modalidade de visto para nômades digitais? O governo brasileiro aprovou a medida em janeiro de 2022, e de lá para cá várias localidades vêm se destacando como *hubs* para receber profissionais estrangeiros, como Pipa, no Rio Grande do Norte; Jericoacoara, no Ceará; Chapada Diamantina, na Bahia, além de capitais como Rio de Janeiro, Belo Horizonte e Florianópolis.

A escolha do destino também deve levar em conta a comunidade local. A solidão e o isolamento são desafios comuns na vida de um nômade digital que viaja sozinho, por isso é importante buscar lugares onde você possa se conectar com outras pessoas, seja por meio de eventos locais, grupos de interesse ou espaços de coworking. Ter uma rede de apoio pode fazer toda a diferença na sua experiência fora do país, já que a principal queixa do nômade digital é o distanciamento da família e dos amigos.

Por fim, é essencial estar preparado para imprevistos. Ter um planejamento financeiro, como cartões de crédito extras e reserva para emergência, pode evitar situações desconfortáveis. Também se certifique de que sua saúde está coberta por um seguro adequado e que você terá acesso a medicamentos e atendimento médico se necessário. Alguns planos nacionais oferecem cobertura global, mas, na dúvida, contrate um seguro especializado nesse tipo de benefício. Não existe situação de maior vulnerabilidade do que enfrentar uma emergência médica em um país estrangeiro, sobretudo se estamos sem cobertura médico-hospitalar.

Para facilitar a sua jornada, disponibilizei uma lista[31] com mais de sessenta países que concedem vistos de nômades digitais ou permissões especiais para trabalhadores remotos, incluindo os requisitos e a duração do visto.

---

[31] A lista é meramente informativa. Recomendo, como primeiro passo de seu planejamento, checar os detalhes e requisitos com a embaixada ou o consulado competente do país de destino.

Acesse essa lista escaneando o QR Code a seguir e prepare-se para explorar o mundo enquanto trabalha de onde quiser. Para quem tem essa oportunidade, vale muito viver essa experiência algum dia.

www.gustavosenges.com.br/lista-paises-nomade-digital/

Como diz o provérbio do pensador estoico Sêneca: "Para quem não sabe a que porto se destina, qualquer vento é favorável".[32] O que busquei neste capítulo foi fornecer todo o conhecimento necessário para que você faça uma navegação segura, rumo aos seus objetivos e preparado para enfrentar qualquer tempestade.

Antes de seguirmos em nossa jornada, vamos fazer um checklist dos tópicos mais importantes deste capítulo.

Você precisa saber:

- como identificar o perfil da empresa contratante;
- como as empresas buscam global workers;
- quais são os modelos de contratação;
- quais são as formas de remuneração;
- como negociar seu salário com base em seu modelo de contratação;
- a terminologia adotada pelo mercado de global workers;
- o que é necessário para se tornar um nômade digital.

Depois de conhecer a fundo os bastidores dessa indústria de contratações globais, ou *staffing*, e como as empresas agem, você deve estar se perguntando: "Quando eu posso começar?!".

---

[32] SE UM homem não sabe a que porto se... Sêneca. **Pensador**. Disponível em: www.pensador.com/frase/NTI0NTAx/. Acesso em: 11 dez. 2024.

05 O QUE PODEMOS ESPERAR DO FUTURO DO TRABALHO

PARTE 2

Foi o escritor canadense William Gibson quem proferiu a clássica frase **"O futuro já chegou, ele só não é igualmente distribuído"**,[33] e ela se encaixa muito bem no que vamos abordar neste capítulo.

Era quarta-feira, dia 11 de março de 2020. Eu estava em nosso escritório de coworking em São Paulo quando o CEO da empresa na qual trabalhava, com sede em São Francisco, convocou os diretores de cada continente para uma reunião de última hora. O assunto era um novo vírus que estava se espalhando rapidamente. O que faríamos com os mais de 4 mil profissionais que tínhamos espalhados pelo mundo, trabalhando de casa, em espaços de coworking e/ou nas empresas dos clientes?

Eu, com o perfil otimista e despreocupado típico de um bom carioca, disse com convicção: "Aqui no Brasil está tudo tranquilo, não precisamos nos preocupar". Dois dias depois, naquela sexta-feira 13, tudo se transformou drasticamente. Enfrentamos a maior pandemia do século, que matou milhões de pessoas e nos deixou isolados por muito mais tempo do que a maioria de nós poderia imaginar.

---

[33] O FUTURO já chegou, ele só não é... William Gibson. **Pensador**. Disponível em: www.pensador.com/frase/MzIzODczNQ. Acesso em: 2 dez. 2024.

Percebi que, ao tentar prever o que estava por vir, subestimei a complexidade e a rapidez das mudanças. Essa experiência foi um aprendizado para mim. Passei a compreender que quando pensamos no futuro – na verdade, "futuros" –, precisamos planejar, mas também aprender a lidar com o imponderável. Não existe um único futuro predeterminado, mas sim uma série de possibilidades que dependem de inúmeros fatores, inclusive de nossas ações.

Olhar para o futuro como uma série de possibilidades nos permite não apenas reagir, mas nos antecipar às mudanças. Isso requer mentalidade aberta, vontade constante de aprender e capacidade de enxergar além do horizonte imediato. As tendências apontam para um mundo do trabalho cada vez mais dominado pela tecnologia, flexível, volátil e incerto. Ferramentas como inteligência artificial, automação e comunicação digital estão transformando a maneira como trabalhamos e interagimos.

E precisamos nos preparar o melhor possível para esse cenário. Assim, neste capítulo, vamos conhecer outras (já vimos algumas no capítulo 2) tendências do futuro do trabalho e como elas podem impactar nossas carreiras.

JORNADA DE TRABALHO DE QUATRO DIAS E *SHORT FRIDAY*

A semana de trabalho de quatro dias e o conceito de *short Friday* têm ganhado cada vez mais destaque no cenário corporativo global. Essas abordagens visam promover melhor equilíbrio entre a vida pessoal e profissional, sem comprometer a produtividade. Empresas inovadoras ao redor do mundo estão adotando essas práticas, refletindo uma mudança significativa na maneira como encaramos o trabalho.

A semana de trabalho de quatro dias, conhecida como *four--day week*, consiste em reduzir a semana laboral tradicional de cinco para quatro dias, o que no Brasil significa redução de jornada para 32 horas semanais. Já o conceito de *short Friday* refere-se a encurtar o expediente das sextas-feiras, permitindo que os empregados encerrem suas atividades no início da tarde.

Na última empresa em que trabalhei, implementamos a política *short Friday*. A ideia era simples: após o meio-dia, não eram marcadas reuniões, *calls* ou qualquer outra atividade de trabalho. Esse tempo era reservado para que os funcionários pudessem se dedicar a projetos pessoais, desenvolver habilidades ou simplesmente descansar e se preparar para o final de semana.

Além disso, tínhamos o que chamávamos de *happy Friday*, uma brincadeira que combinava o *short Friday* com *happy hour*. Era uma atividade opcional em que, a cada semana, uma pessoa apresentava algo interessante da cultura do seu país. Por exemplo, tivemos um colega do México que nos ensinou a preparar margaritas, enviando antes a lista de ingredientes para que todos pudessem participar. Quando chegou a minha vez, ensinei todos a fazer brigadeiro, e nos divertimos muito com as *chocolate balls*. Essa prática trouxe inúmeros benefícios, tanto em termos de bem-estar quanto de conectar as pessoas, encurtando a distância emocional entre elas.

Algumas empresas para as quais contratávamos global workers já seguiam o modelo de semana de trabalho de quatro dias. Assim que fechamos a contratação dos primeiros três profissionais responsáveis por iniciar a operação de uma dessas empresas no Brasil, fomos avisados da política de trabalho. Lembro até hoje da reação de surpresa e alegria de um deles quando compartilhamos a informação.

Essas novas práticas estão se tornando uma realidade, mesmo em países como o Brasil, onde a legislação e a cultura de trabalho tradicional ainda são bastante rígidas. No início de 2024, a organização 4-Day Week Brasil,[34] em parceria com a Reconnect Happiness at Work e a Human Sustainability, com suporte da 4-Day Week Global, iniciou projetos-piloto para testar a viabilidade da semana de trabalho de quatro dias. Os resultados das pesquisas são promissores, mostrando que as empresas que adotaram esse modelo não apenas mantiveram como, em muitos casos, aumentaram a produtividade. Além disso, os empregados relataram níveis mais altos de satisfação no trabalho e equilíbrio entre vida pessoal e profissional. Ou seja, essas políticas não são benéficas apenas para os empregados, mas sim para todo o ecossistema dos negócios.

Essas práticas estão alinhadas a outra tendência, a *human-centric*, ou centrada no ser humano, que está se tornando cada vez mais popular nas estratégias empresariais atuais. Esse conceito coloca as pessoas, suas necessidades e seu bem-estar no centro dos valores e das políticas da empresa, priorizando-as acima do lucro imediato.

QUIET QUITTING E QUIET FIRING

No novo mundo do trabalho, conceitos como *quiet quitting* e *quiet firing*[35] têm ganhado destaque, refletindo as mudanças nas dinâmicas

---

[34] Para quem tem interesse sobre o tema, basta acessar o site da organização 4-Day Week Brazil. Disponível em: www.4dayweekbrazil.com/. Acesso em: 2 nov. 2024.

[35] Surgiu o termo *loud quitting*, que é quando o profissional demitido compartilha nas redes sociais o momento da demissão, expondo a empresa e a forma desrespeitosa escolhida por ela. Não considero uma tendência no Brasil e não acho uma prática que deva ser estimulada.

entre empregados e empregadores. *Quiet quitting*, ou desistência silenciosa, refere-se a profissionais que cumprem apenas as tarefas mínimas exigidas pelo seu cargo, sem se envolver além do necessário ou buscar maiores responsabilidades. Essa prática emergiu como uma resposta ao esgotamento profissional e à falta de reconhecimento.

Em contrapartida, as empresas têm respondido com o *quiet firing*, ou demissão silenciosa, uma estratégia na qual os empregadores criam condições desfavoráveis para que os profissionais saiam por conta própria, em vez de esperarem ser demitidos formalmente. Isso pode incluir a redução de responsabilidades, a exclusão em projetos importantes ou a limitação de oportunidades de crescimento. Essa abordagem dá às empresas a possibilidade de evitarem o confronto direto, além dos elevados custos de uma demissão tradicional.

Esses fenômenos representam mais do que simples tendências: refletem uma transformação profunda na sociedade e na maneira como especialmente as novas gerações têm enxergado o papel do trabalho na vida.

BLIND HIRING

O modelo de recrutamento anônimo, conhecido como *blind hiring*, é uma estratégia na qual a identidade da pessoa contratada é ocultada durante o processo seletivo. Isso inclui informações como sexo, idade e até mesmo a universidade de origem. O objetivo é eliminar qualquer tipo de viés inconsciente que possa influenciar a escolha dos talentos, promovendo uma seleção mais justa e diversificada.

Existem diversos softwares atualmente que facilitam esse tipo de recrutamento, ajudando as empresas a focar as habilidades e competências das pessoas contratadas, em vez de seus perfis demográficos.

Esse modelo já existe no Brasil, há inclusive ferramentas desenvolvidas aqui,[36] e algumas empresas já estão adotando essa prática. Na última organização em que trabalhei, tivemos a oportunidade de testar algumas dessas ferramentas. Foi uma experiência reveladora, pois percebemos um aumento significativo na diversidade dos candidatos que avançaram para as fases finais do processo seletivo.

O *blind hiring* não só promove a inclusão e a diversidade como ajuda a quebrar barreiras, garantindo que candidatos talentosos e qualificados tenham uma chance justa, independentemente de seus antecedentes ou privilégios. Para mim, é o perfeito exemplo do uso da tecnologia em benefício da humanização.

RECRUTAMENTO POR HABILIDADES

Uma das minhas mentorias mais desafiadoras foi contratada pelos pais do Gabriel. Ele tinha 20 anos e um passado escolar brilhante, o que lhe garantiu aprovação no curso de Ciência da Computação em uma prestigiada universidade pública. Como o campus ficava em outra cidade, os pais tiveram que se esforçar para manter o Gabriel morando longe da família.

Devido à pressão financeira, ele se inscreveu em um programa de estágio em uma empresa estrangeira já no segundo semestre do curso, e seis meses depois foi efetivado. Quando começamos a trabalhar juntos, ele estava desmotivado com a universidade. Mesmo depois de muita luta para ser aprovado na universidade escolhida, Gabriel estava frustrado e considerando desistir ou mudar de curso.

---

[36] Uma dessas empresas, a Jobecam, merece destaque por seu pioneirismo e pelo competente trabalho que faz no país ao difundir esse método entre empresas nacionais. Disponível em: https://jobecam.com/. Acesso em: 2 nov. 2024.

O motivo? Ao ter contato com a prática profissional no estágio, ele passou a enxergar as disciplinas como defasadas e desinteressantes. Natural, ainda mais em uma área como a dele, em que a teoria acadêmica não consegue competir com a velocidade dos avanços tecnológicos que acontecem na prática. Isso acaba gerando um inevitável descompasso entre os dois mundos.

Alguns especialistas em carreira vêm decretando a "morte da graduação", no sentido de que o curso universitário vai perder a sua importância. Em paralelo, as habilidades passaram para o centro da atenção de empresas e recrutadores. Vou retomar a fala do CEO do LinkedIn, Ryan Roslansky, que vimos em outro capítulo: "Habilidades são mais importantes que diplomas".

Precisamos contextualizar essa frase. A fala do Ryan não pretendeu desencorajar estudantes a cursar uma graduação. Ele quis apontar que, em muitos casos, as habilidades dos candidatos podem fazer mais diferença no mundo corporativo do que um diploma universitário.

Entendo que a valorização das habilidades, especialmente em processos de recrutamento, é uma maneira democrática e inclusiva de selecionar profissionais supertalentosos. Sem dúvidas! Por outo lado, valorizo o papel da formação universitária na construção da carreira. Isso menos pelo acúmulo de conhecimentos práticos e mais pelo ganho de maturidade, comprometimento, desenvolvimento do raciocínio analítico e, sobretudo, construção do ciclo de amizades (networking!).

Quem atribui ao curso de graduação (ou mesmo a um curso de especialização) a responsabilidade de nos ensinar a trabalhar vai se frustrar absurdamente. O desenvolvimento de habilidades técnicas e emocionais depende não apenas da vivência universitária, mas também de diversas experiências. Podemos considerar desde disciplina por meio de um uma atividade esportiva até confiança e oratória por se apresentar no coral da igreja.

Na nossa analogia com o seriado da Netflix, a graduação seria apenas aquele episódio bem previsível da série. Lembre-se de que são a curiosidade e o interesse que vão guiar nossas ações. Nunca perca a curiosidade e o interesse pelas coisas.

Essa fórmula, aliás, não serve apenas para a carreira, mas para a vida. Sempre que converso com alguém que admiro, busco compreender o segredo de envelhecer bem. A resposta que mais me chamou a atenção foi: "Seja curioso sobre tudo!".

Para quem ficou curioso, o Gabriel não desistiu, felizmente! Ele ajustou suas expectativas sobre o papel da graduação na formação profissional e ainda reconheceu que conseguiu o estágio às custas da matrícula na faculdade e por recomendação do seu professor de Cálculo. Com essa nova visão, ele terminou o curso e continuou se desenvolvendo cada vez mais em sua área de atuação.

STARS

STARS, ou *skilled through alternative routes*,[37] refere-se a profissionais que adquiriram habilidades e competências por meio de rotas alternativas, como experiências de trabalho, aprendizado autodidata ou nas forças armadas, em vez de por meio de um diploma universitário tradicional. A abordagem ajuda a eliminar barreiras e permite que talentos diversos acessem oportunidades que, de outra

---

[37] A Fundação Bill e Melinda Gates é uma das instituições que apoiam essa iniciativa. Para se profundar no assunto, acesse o site da organização. Disponível em: https://usprogram.gatesfoundation.org/news-and-insights/articles/how-shining-a-light-on-stars-is-helping-break-down-barriers. Acesso em: 2 nov. 2024.

maneira, poderiam estar fora de seu alcance. E para as empresas é uma oportunidade excelente de contar com profissionais com visão e experiências fora do convencional. O jogo acaba sendo um ganha-ganha para empregador e empregado.

Nos Estados Unidos, a prática tem se propagado, promovendo maior inclusão no mercado de trabalho ao reconhecer e valorizar as habilidades dos candidatos independentemente de suas credenciais acadêmicas. Já no Brasil, o conceito é relativamente novo, mas acredito que teria um grande potencial de transformar o mercado de trabalho ao oferecer oportunidades para aqueles que seguiram trajetórias menos convencionais, muitas vezes por necessidade ou conjuntura de vida.

PORTFOLIO CAREER

Esse é um dos temas fundamentais para quem está planejando e construindo uma carreira à prova de futuros. Sem falar que ele tem total conexão com a mentalidade de um global worker. Então, anote aí as dicas para se aprofundar depois!

O conceito de *portfolio career* refere-se a uma abordagem de carreira na qual, em vez de seguir um caminho linear tradicional com um único emprego para a vida toda, os profissionais diversificam suas atividades e fontes de renda. Ao encararmos a carreira como um portfólio, podemos atuar em diferentes funções: como consultor, autor, empreendedor, investidor, professor e outras que se baseiam em habilidades e experiências que desenvolvemos ao longo da jornada.

Vou dar o exemplo de uma ex-mentorada e, hoje, grande amiga. Daniela, além de ter um emprego como global worker na área de marketing em uma empresa dinamarquesa, leciona em uma faculdade e em cursos on-line. Ela ainda dá aulas presenciais de yoga, sua grande paixão, em um estúdio próximo de onde mora. Você também ficou cansado só de imaginar? O caso da Daniela ilustra bem o conceito de *portfolio career*.[38]

A especialista no assunto é a empreendedora e professora de Harvard Cristina Wallace, autora do livro *The Portfolio Life*.[39] A obra alerta para essa transformação de modelos de carreira tradicional para uma *portfolio life*, que se baseia em quatro pilares: identidade (fora do mundo do trabalho), opcionalidade (que se contrapõe a um único e linear caminho), diversificação (não depender de um só trabalho) e, por fim, flexibilidade (liberdade para se adaptar e mudar).

Você pode não ter se dado conta, mas já possui o seu *portfolio career*. O desafio está em identificar os pontos fortes e desenvolver o próprio portfólio. Isso não só aumenta suas oportunidades de trabalho como enriquece a vida de um modo geral. Todos temos talentos escondidos que podem e precisam ser despertados.

Desenvolver um *portfolio career* é o antídoto para enfrentar as incertezas do novo mundo do trabalho.[40] Em um cenário onde o emprego tradicional está cada vez mais ameaçado, ter um portfólio diversificado permite antecipar oportunidades e desafios.

---

[38] RINNE, A. Why You Should Build a "Career Portfolio" (Not a "Career Path"). **Harvard Business Review**, 13 out. 2021. Disponível em: https://hbr.org/2021/10/why-you-should-build-a-career-portfolio-not-a-career-path. Acesso em: 3 nov. 2024.

[39] WALLACE, C. **The Portfolio Life**: How to Future-Proof Your Career, Avoid Burnout, and Build a Life Bigger Than Your Business Card. Nova York: Balance, 2023.

[40] KALITA, S. M. Why the Career of the Future Needs a Portfolio Approach. **Time**, 16 ago. 2022. Disponível em: https://time.com/charter/6206500/portfolio-career/. Acesso em: 3 nov. 2024.

Isso minimiza riscos e expande as possibilidades de atuação. Ao construir um portfólio de carreira, você se prepara melhor para os futuros e assume o protagonismo da sua vida, criando caminhos profissionais que façam sentido para você.

USO DO TIKTOK NA CARREIRA

O TikTok tem se destacado também como uma plataforma para carreiras,[41] especialmente entre as gerações mais novas. Com o desenvolvimento de uma seção dedicada chamada TikTok Careers, essa rede social compartilha dicas de carreira e oportunidades de emprego de maneira mais rápida e informal. Conhecido por seus vídeos curtos e dinâmicos, esse recurso vem se posicionando como uma alternativa inovadora ao LinkedIn, atraindo jovens profissionais que preferem um formato mais visual e interativo para explorar oportunidades de trabalho e obter conselhos profissionais.

Quando comecei a usar o TikTok para falar sobre o universo dos global workers, fiquei surpreso com o interesse dos usuários. Em um dos vídeos que publiquei,[42] no qual falei sobre vagas globais, obtive mais de 30 mil visualizações em poucos dias, o que para mim, com pouquíssimos seguidores e compartilhando um assunto não tão divertido como beleza e viagens, foi surpreendente!

Isso só confirma a tendência que coloca o TikTok no centro de usuários interessados pelo tema de carreiras e global workers. Fico curioso de imaginar a relação entre essa dinâmica da ferramenta

---

[41] FOR GEN-Z Job-seekers, TikTok is the New LinkedIn. **The Economist**, 9 maio 2024. Disponível em: www.economist.com/business/2024/05/09/for-gen-z-job-seekers-tiktok-is-the-new-linkedin. Acesso em: 3 nov. 2024.

[42] Se tiver curiosidade sobre o que comentei e quiser ter acesso ao vídeo, ele está disponível em: https://vm.tiktok.com/ZMrEkCwLM/. Acesso em: 3 nov. 2024.

marcada por vídeos informais e provocativos, a chegada da Geração Z ao mercado de trabalho e a busca e a divulgação de temas profissionais nessa plataforma. Minha cabeça chega a dar um nó. E a sua?

Brincadeiras à parte, acho positivo vermos uma rede social sendo usada com essa finalidade. No entanto, o LinkedIn continua sendo a principal ferramenta que conecta candidatos às vagas, especialmente para global workers. Ele é responsável por mais de 87% de todos os matches entre candidatos e oportunidades de vagas globais, segundo a pesquisa *Global Worker 2024*, já citada anteriormente.

QUERO EMPREENDER!

Quem viveu o Brasil de antes dos anos 2000, quando a escolha profissional se dividia entre fazer carreira em empresas ou se dedicar aos concursos públicos, observa com fascínio a onda do empreendedorismo que vem atraindo as novas gerações.

Novos símbolos de sucesso, como Gates e Jobs, e posteriormente Zuckerberg e Musk, não faziam parte do imaginário da maior parte dos profissionais na época, e os casos de empreendedorismo se restringiam a nichos específicos. Felizmente, o jogo mudou. Hoje, muitos de nós temos um amigo à frente de uma startup ou que faz parte do universo dos *solopreneurs*, os empreendedores solitários, em geral atuando no mercado digital. Arrisco dizer que o sonho do negócio próprio, de "trabalhar sem patrão" e de criar uma startup de sucesso entrou definitivamente nas alternativas de carreiras para muitos profissionais no país.

Como rota de carreira, empreender se tornou uma opção possível e democrática. Porém, quero fazer algumas ponderações baseadas na minha experiência e na de profissionais – tradicionais e global workers

– que mentorei. As boas ideias de negócios surgem para quem está no dia a dia corporativo, e não trancado dentro de casa "filosofando".

Tive a oportunidade de conhecer de perto uma startup de *big data* que nasceu justamente depois que os dois sócios, ainda empregados de uma grande empresa, identificaram uma oportunidade de negócio a partir de uma dor que essa empresa enfrentava. No universo do empreendedorismo, o termo "dor" refere-se a um problema ou uma necessidade significativa que os consumidores ou negócios enfrentam e que uma solução ou um produto busca resolver ou aliviar. Os dois levaram o problema e a proposta de solução à liderança da empresa, que não demonstrou interesse em desenvolver internamente o produto capaz de sanar o problema. Então, adivinhe o que eles fizeram? Como acreditavam bastante no negócio, se juntaram a um terceiro sócio, com acesso ao capital, e fundaram uma bem-sucedida organização que presta serviços não somente para aquela grande empresa como também para várias outras de diferentes segmentos.

Os negócios mais criativos (e lucrativos!) para os quais trabalhei ou contratei profissionais nasceram de experiências semelhantes a essa. Sempre por intermédio de profissionais que trabalharam como empregados, viram de perto alguma necessidade que não era suprida e, a partir daí, se desligaram para fundar o próprio negócio. A mesma rota de carreira faz o *solopreneur* de sucesso. A grande maioria ganhou experiência por meio de alguma vivência profissional para, depois, transformar seu aprendizado em algum produto ou serviço de valor para o outro.

Sabemos que não faltam cursos na internet e em escolas de negócios tentando nos vender a promessa de que qualquer um pode iniciar um negócio de milhões sem ter experiência, e que "basta digitar: eu quero". Sou um grande incentivador do empreendedorismo, mas me sinto na obrigação de fazer esse alerta. Lembre-se de que empreender sem bagagem profissional pode custar, além de perdas financeiras, anos importantes de construção de carreira. Afinal, o profissional empregado pode, quando bem desejar, expandir a sua carreira e se tornar empreendedor. Já o empreendedor que dedicou alguns anos da carreira a um negócio próprio enfrentará muita resistência se desejar migrar para o mundo corporativo. Pense nisso!

LIÇÃO DE VIDA: USE FILTRO SOLAR

De todos os aprendizados que o mundo corporativo pode nos dar, os maiores são a disciplina, o respeito aos prazos, a autogestão e a busca por eficiência. Como alguém que já transitou em outros meios, como o acadêmico, o das carreiras públicas e até o do empreendedorismo, me atrevo a afirmar que nenhum outro é capaz de nos educar dessa maneira.

Evidentemente pagamos um preço alto por isso. "Manter a performance em alto nível, ser resiliente e não deixar de entregar"[43] pode levar, no longo prazo, a *burnout*, ansiedade, depressão e mais uma lista de doenças. São "as dores e as delícias", como diria Caetano Veloso, do mundo corporativo. No ritmo da poesia do grande compositor baiano, quero terminar esta primeira parte recomendando um vídeo inspirador.

Eu ainda estava na universidade quando um professor de linguagem publicitária apresentou para a turma a versão original do

---

[43] Essa linguagem faz parte do jogo do mundo corporativo. Fiz um vídeo sobre o tema, questionando se o mundo corporativo é de fato um jogo. Disponível em: www.instagram.com/reel/C92gVFAuRZn/?igsh=c2VrN2E5NmkxajJn. Acesso em: 3 nov. 2024.

premiado vídeo "*Wear Sunscreen*".[44] Alguns anos depois, o vídeo foi traduzido e ficou muito conhecido no Brasil, na voz de Pedro Bial. Em meio a conselhos de vida, o narrador nos recomenda: "Morar em Nova York antes de endurecer e morar no Havaí antes de amolecer". O conselho nos ensina a importância do equilíbrio entre os extremos. Para o narrador, Nova York representa a correria da vida, semelhante ao mundo corporativo, e o Havaí nos remete à necessidade de desacelerar, aproveitar os momentos, cultivar hobbies e passar tempo com a família e os amigos. E...

Chega de spoiler! Escute você mesmo o restante do texto. Pegue o seu fone de ouvido, apague a luz e mire a câmera do seu celular para o QR Code a seguir. Feche os olhos e apenas aproveite o vídeo "Use filtro solar". Inspire-se a construir uma vida plena e interessante!

drive.google.com/file/d/1SC_hpYbJ4qCVaD2S-OzY-a018lMhkcQn/view

PRONTO PARA AVANÇAR?

Agora, nós finalizamos a parte 1, a parte "teórica", por assim dizer, do nosso livro. Ao longo dos cinco capítulos iniciais, você teve a oportunidade de mergulhar profundamente no universo dos global workers.

---

[44] Originalmente, o texto foi escrito pela jornalista Mary Schmich e publicado no *The Chicago Tribune*, em 1997. O vídeo ficou famoso por seus conselhos de vida em tom reflexivo, oferecendo uma perspectiva inspiradora sobre como viver com equilíbrio.

Exploramos o significado do termo e esclarecemos as principais diferenças e questões, incluindo a distinção entre global workers e nômades digitais. Discutimos as dúvidas mais comuns, como a possibilidade de construir uma carreira global mesmo sem formação em tecnologia, e fornecemos insights valiosos sobre como os global workers são recrutados e contratados.

Analisamos as transformações sociais, econômicas e culturais que nos trouxeram até o novo mundo do trabalho, destacando o papel da tecnologia, da pandemia e das mudanças culturais. Também exploramos aprendizados e reflexões essenciais para a construção de uma trajetória profissional bem-sucedida.

Desvendamos os bastidores do universo dos global workers, a partir de uma visão detalhada de como esse ecossistema opera e de como você pode se posicionar para aproveitar essas oportunidades. E, por fim, discutimos as tendências do novo mundo do trabalho, mostrando como cada uma pode impactar a sua vida e carreira. Como foi dito várias vezes ao longo destas páginas: precisamos nos antecipar a essas mudanças.

Com uma compreensão sólida desses conceitos, estamos prontos para avançar para a parte 2 do livro, na qual apresentarei o Método GWorker. Esse método fornecerá um passo a passo prático para você planejar, preparar e executar uma estratégia eficaz para construir sua carreira global.

Lembre-se de que serão 20 milhões de vagas globais[45] a serem criadas nos próximos cinco anos, e de que nosso país está na lista como um dos principais destinos para essas vagas. Essa é uma

---

45 THE RISE of Global Digital Jobs. **World Economic Forum**, jan. 2024. Disponível em: www3.weforum.org/docs/WEF_The_Rise_of_Global_Digital_Jobs_2024.pdf. Acesso em: 3 nov. 2024.

ótima notícia para nós, atuais e futuros global workers. Isso não apenas reforça a necessidade de estarmos preparados para o novo mundo do trabalho, como também nos motiva a buscar o nosso lugar nesse universo de oportunidades.

Por isso não me canso de repetir que o futuro do trabalho já chegou! Falta apenas torná-lo acessível para mais pessoas. Então, vamos juntos transformar todo esse conhecimento em ações concretas e alcançar o sucesso no novo mundo do trabalho? Vejo você na próxima parte!

PARTE 2
O MÉTODO GWORKER

06 BEM-VINDO AO MÉTODO

Parabéns! Se chegamos juntos até aqui, considero que construímos uma relação muito próxima, como a que existe entre mentor e mentorado. E não vejo a minha posição como sendo de superioridade, mas sim de quem está compartilhando a sua jornada com alguém que deseja seguir a mesma direção.

Ser mentor é estender a mão para quem está começando uma nova trajetória, oferecendo não apenas instruções, mas também um olhar real e empático para os desafios que o mentorado pode enfrentar. O mentor se coloca ao lado do mentorado, compartilhando conquistas, medos, angústias, questionamentos e lições aprendidas ao longo da montanha-russa que é a vida profissional. O meu objetivo é tornar a sua jornada mais eficiente, para que, no futuro, você possa traçar o próprio destino com confiança e autonomia.

Para darmos continuidade ao nosso caminho até aqui, é importante compreender o conceito de método. Segundo definições de dicionários, método é o que define um processo lógico e ordenado para realizar algo ou adquirir conhecimento. E para mim, método é, antes de tudo, um conjunto de passos que levam alguém do ponto A ao ponto B.

Isso, aliás, é essencial: antes de sabermos aonde queremos chegar, precisamos definir claramente onde estamos. Imagine que você está utilizando um GPS para chegar a um destino. A tecnologia só será eficaz se souber exatamente de onde você está partindo, certo? Caso contrário, ele não conseguirá traçar a melhor rota. É o que também se aplica ao nosso método. Ele precisa partir de um ponto A – o seu contexto atual – para levar você até o ponto B – seu objetivo final. Se não entendermos quem somos, como operamos e quais são nossas habilidades, provavelmente nem vamos chegar ao nosso objetivo ou, então, vamos demorar muito mais para alcançá-lo.

Agora que entramos na segunda parte do livro, você com certeza já aprendeu muito sobre o universo dos global workers. Com base nesse conhecimento, vamos explorar o método que o levará ao próximo nível.

OS DIFERENCIAIS DO MÉTODO GWORKER

Pedi ao ChatGPT que listasse as dez principais habilidades para a carreira de um profissional. Segue a lista recebida:

- Pensamento crítico;
- Resolução de problemas;
- Resiliência;
- Criatividade;
- Tomada de decisão sob pressão;
- Comunicação eficaz;
- Trabalho em equipe;
- Proatividade;
- Aprendizagem contínua;
- Liderança.

Você se surpreendeu com a resposta? Aposto que não… Eu percebi que a IA quase zombou da minha pergunta, dizendo: "Gustavo, pergunte ao Google, pois tenho coisa mais importante a fazer".

Somos bombardeados diariamente por essas "habilidades do futuro" que tentam nos reduzir a uma espécie de seres superpoderosos, obrigados a agir de maneira tão antagônica quanto ser criativo e decidir sob pressão no mesmo instante. E aqui entra o primeiro diferencial do Método GWorker: ele é voltado para a nossa realidade e para o nosso perfil de profissional. Nada de repetir teorias estrangeiras ou receitas prontas. Você vai compreender isso melhor no capítulo seguinte, quando discutiremos as habilidades necessárias para uma carreira global.

O Método GWorker foi feito para o ser humano. Pessoas como eu e você, com desafios, forças e fraquezas. Pessoas com vontade de levar uma vida feliz e construir uma carreira com flexibilidade, que garanta não apenas "comida, mas também diversão e arte", como diz a música da banda Titãs.

O segundo diferencial é uma chamada à realidade. Não vou lhe perguntar o que você sonha, deseja ou gostaria de fazer com a sua carreira. Você notará que subverto essa ordem. No método, vamos, em primeiro lugar, compreender do que o mercado necessita. Essa atitude é muito mais inteligente.

De antemão, peço desculpas se eu for muito duro. Meu propósito aqui não é criar obstáculos, mas sim tornar a sua jornada mais estratégica e eficaz. Nós não somos fundamentais e insubstituíveis para o mercado de trabalho. Podemos ser as pessoas mais especiais do mundo para nossa família, pais, filhos e amigos que nos amam, mas não para o mercado de trabalho. Portanto, menos *self-entitlement*[46] e mais compreensão de como as engrenagens do sistema funcionam.

---

[46] Defendo que esse termo em inglês deveria ser incorporado definitivamente na cultura e no dia a dia dos brasileiros. Há algumas traduções, mas nenhuma reflete o sentido tão bem. Em português, seria algo como sensação de merecimento, ou, usando uma expressão popular, "se achar o alecrim dourado". Porém, o sentido em inglês é mais profundo e traz certa arrogância e presunção de superioridade, como se o mundo nos devesse alguma coisa.

O MÉTODO GWORKER FOI FEITO PARA O SER HUMANO. PESSOAS COMO EU E VOCÊ, COM DESAFIOS, FORÇAS E FRAQUEZAS.

@GUSTAVOSENGES

Quase fui vítima desse pensamento durante a vida universitária. Eu tinha 19 anos e já estava no terceiro semestre de Direito. Após um primeiro ano de curso bastante motivado, comecei a questionar a minha escolha. Tinha amigos no curso de Comunicação, outros em Engenharia, Economia... e pensava: *O que estou fazendo aqui? Preciso agir rápido e mudar de curso para não perder muito tempo.*

Então, decidi buscar ajuda de uma orientação vocacional – hoje conhecida como coaching ou mentoria de carreira. Não me esqueço dos encontros com o profissional e de nossas dinâmicas para extrair de mim "minha paixão e minha vocação". O problema? Fazíamos isso sem levar em conta a realidade do mercado. Como sempre gostei de viajar, você deve imaginar as primeiras orientações que surgiram do processo... Claro: trancar a matrícula do curso de Direito e reiniciar em Turismo e Hotelaria.

Mesmo ficando em dúvida, acabei seguindo outro rumo, e não os conselhos do meu orientador. Sem querer desmerecer essa promissora área de formação, a escolha teria sido um erro por considerar apenas que eu gostava de viajar e por imaginar que tudo o que eu queria era conhecer novos lugares. Essa conclusão baseada em meu interesse à época, sem levar em conta as oportunidades e tendências do mercado, teria me induzido a um caminho equivocado.

Essa sequência de conhecer primeiro o mercado de carreiras globais para, em seguida, se autoconhecer e, a partir dessa análise, traçar o plano de carreira foi uma virada de chave para mim e tantos outros profissionais. O que as oportunidades globais exigem para que eu possa me preparar e fazer parte delas? Essa é a pergunta inicial que você precisa fazer! Com a resposta em mãos, aí sim é hora de realizar um exercício de autoconhecimento para entender como suas habilidades e experiências podem se casar com as necessidades do mercado. Nunca o caminho inverso.

Outro diferencial é que o Método GWorker foi desenvolvido para transformar você no protagonista da sua carreira. Nada dessa conversa de construir um "currículo matador" e então ficar sentado, aguardando ser encontrado. Nunca delegamos escolhas fundamentais de nossa vida a terceiros. Com quem vamos nos relacionar, onde vamos morar, o que pretendemos estudar... Então, por que temos o hábito de agir dessa maneira na carreira?

Vou ensinar você a buscar as oportunidades que lhe interessam. Baseado em minha experiência como empresa contratante e em pesquisas com global workers, como a da fintech Husky, vamos nos preparar para cobrir as três maneiras de chegar às vagas: ser prospectado, ser indicado por algum colega e se candidatar diretamente para a posição; e, assim, triplicar suas chances de ser contratado.

AS ETAPAS DO MÉTODO GWORKER

Nosso método tem três etapas bem definidas, acompanhadas de microciclos que representam pequenos desafios e conquistas ao longo da jornada.

A primeira etapa é chamada de **descoberta**. É o momento em que o profissional explora e adquire uma compreensão clara do mercado global de trabalho e de si mesmo. É nessa fase que você vai descobrir como suas habilidades se conectam com as demandas do mercado, preparando o terreno para alinhar suas competências às oportunidades. Trata-se de um processo investigativo que revela o caminho a ser seguido.

O objetivo dessa fase é construir uma base sólida para sua trajetória no mercado global de carreiras, e ela é dividida em três microciclos fundamentais. O primeiro microciclo consiste em conhecer esse mercado global de maneira profunda, entendendo as tendências, as demandas e como as empresas estão operando nesse ambiente remoto e multicultural. É essencial que você compreenda o cenário atual, os setores em alta e as oportunidades que estão à sua disposição.

No segundo microciclo, o foco é o autoconhecimento. Você vai fazer uma análise cuidadosa das próprias habilidades, competências e experiências, o que proporcionará uma visão certeira de onde você se destaca e em quais áreas precisa se desenvolver.

O terceiro microciclo é o ponto de convergência: nele, você vai mapear essas habilidades pessoais e entender onde elas encontram as exigências do mercado global. Esse processo de alinhamento é essencial para identificar as oportunidades certas e traçar os próximos passos da sua carreira.

A segunda etapa do Método GWorker é a **construção**. Ela se concentra em como contar a sua história de maneira eficaz. Esse processo se divide em outros três microciclos, que guiam o profissional na criação de uma narrativa autêntica e convincente, tanto no formato escrito quanto no oral.

O primeiro microciclo é a construção da narrativa. O objetivo é que você esteja pronto para narrar sua trajetória, suas experiências e habilidades de maneira clara e estratégica, transformando tudo isso em uma história coesa e impactante. Você precisa aprender a contar a sua história de modo que faça sentido, antes de tudo, para si mesmo.

O segundo microciclo envolve saber transformar algo concreto. O currículo é a versão escrita dessa narrativa, e não uma sequência de empregos desconexos como costumamos ver no mercado. Já o terceiro microciclo é a preparação para a narrativa oral, que nos será muito útil para a fase de entrevistas.

A terceira e última etapa é a **execução**, quando colocamos tudo em prática. Com o mercado global devidamente mapeado e a narrativa pronta, é hora de arregaçar as mangas e partir para a ação. Começaremos nos dedicando ao processo de seleção, busca e candidatura para vagas. O profissional aprende como encontrar as oportunidades certas, fazer uma curadoria das vagas que estão alinhadas ao seu perfil e, finalmente, se candidatar para essas posições munido de estratégia e ferramentas.

Por fim, precisaremos entender o que esperar da contratação e dos primeiros meses na nova posição. Vamos falar sobre como enfrentar os desafios iniciais em uma empresa global, garantindo uma boa adaptação e, principalmente, um impacto positivo já nos primeiros três meses. Costumo dizer que os primeiros noventa dias consistem em uma fase crítica. Esse período é crucial para estabelecer credibilidade, construir relações na equipe e demonstrar o seu valor.

O QUE ESPERAR DO MÉTODO GWORKER

Já temos uma boa compreensão do método e de onde estamos partindo, então podemos nos preparar para dar os primeiros passos. E você deve sentir muito orgulho de si mesmo pela caminhada até aqui.

A última coisa que gostaria de destacar é o caráter democrático do nosso processo. Como discutido no primeiro capítulo, o Método GWorker foi desenvolvido para profissionais de diferentes formações, desde tecnologia até as ciências humanas e biomédicas. Cada um traz a sua caixa cheia de ferramentas, habilidades, experiências e até níveis distintos de proficiência em idiomas. E isso, claro, vai impactar diretamente a jornada de cada um.

Por exemplo, a fluência no inglês – e, em alguns casos, até o domínio de um terceiro ou quarto idioma – pode acelerar muito o processo de busca por vagas. Dei como exemplo o inglês, pois considero uma habilidade imprescindível para o nosso sucesso, mas a lógica funciona para outras *soft skills*, como mentalidade global e comunicação em ambientes multiculturais e remotos. Por isso, mesmo partindo de um ponto em comum, que chamamos de ponto A, o ritmo da jornada dependerá de onde exatamente você está hoje combinado com o esforço que dedicará para alcançar o ponto B. Como em qualquer processo de mentoria, não podemos nos esquecer de que, por mais que o método forneça as ferramentas necessárias, o resultado depende de você.

Ao final do método, espero que você esteja preparado para ser um global worker, para dar o pontapé inicial em direção a uma carreira global. Para alguns, isso significará a conquista da vaga dos sonhos em poucos meses. Para outros, o tempo para atingir esse objetivo pode ser mais longo, mas mantenha em mente que o importante é que o caminho estará traçado.

Lembre-se de que carreira é jornada, e não chegada. A primeira conquista abre portas para muitas outras, e este é o movimento natural: estar sempre em busca de crescimento e novas oportunidades no cenário global.

Nos próximos capítulos, vamos mergulhar nas etapas do método para detalhar como cada fase funciona na prática e como você pode se preparar para conquistar sua vaga e construir uma trajetória como global worker. Continue comigo: o ponto B está cada vez mais próximo!

07 A DESCOBERTA

A fase de descoberta é o ponto de partida para qualquer pessoa que deseja trilhar o caminho de um global worker. É nela que vamos construir os pilares, a fundação da nossa trajetória no mercado de carreiras global. Nessa etapa, como o próprio nome diz, descobriremos o máximo possível sobre o que esse mercado espera de nós e como nós podemos atender às expectativas. Quanto mais conhecimento sobre a área tivermos, mais facilmente conseguiremos planejar e nos preparar para ela.

Quando eu comecei, quase quinze anos atrás, esse universo era muito diferente do que é hoje. Lembro-me de trabalhar em condições de grande flexibilidade antes mesmo de ter plena consciência de que estava fazendo parte de algo maior. O salário que eu recebia era acima da média, eu já tinha a oportunidade de morar em outros lugares sem estar preso a um escritório fixo. Mas não percebia, na época, a dimensão desses benefícios. Foi somente com o amadurecimento desse mercado que eu fui capaz de entender que estava no meio de uma grande transformação.

Se, no passado, ser um global worker era algo mais "acidental" e menos planejado, hoje essa carreira se tornou altamente competitiva e profissionalizada. Isso significa que, para você ser bem-sucedido, precisa estar o mais informado e preparado possível.

Tenho certeza de que, no caminho até aqui, você dedicou muito tempo e atenção à primeira parte do nosso livro. Se foi um leitor aplicado, deve ter aproveitado todas as instruções que compartilhei com você, em profundidade, sobre os bastidores do mercado de carreiras globais. Meu objetivo desde o início foi oferecer uma visão completa de como funciona o universo dos global workers – as dinâmicas, os perfis profissionais mais procurados, os modos de atuação das empresas contratantes e até os processos de recrutamento que elas utilizam – para que você siga nessa jornada com os equipamentos adequados.

Por isso, tenho uma ótima notícia! Essa primeira missão, que é conhecer o mercado, já foi cumprida por quem leu com atenção a primeira parte. E acredito que tenha sido o seu caso. Mas claro que o mercado de global workers está em constante transformação e, por isso, o aprendizado contínuo é a chave para o sucesso no novo mundo do trabalho. O que você aprendeu até aqui com certeza vai compor a sua bagagem de conhecimento, mas não deve ser encarado como a única fonte. O mundo do trabalho está sempre mudando, e nosso desafio é permanecer nos atualizando.

Este livro, finalizado em outubro de 2024, reflete o contexto até tal momento. Aproveite todo o conhecimento que adquiriu, mas lembre-se de que essa é apenas uma ferramenta em sua jornada. Acompanhe as tendências, busque informações atualizadas e esteja sempre aberto a ampliar seu repertório, seja por meio de mentorias, cursos especializados ou bons conteúdos disponíveis de modo gratuito nas redes sociais.

Agora é o momento de celebrarmos sua primeira conquista. Você já deu um grande passo ao investir tempo e energia chegando até aqui. Então, podemos mergulhar um pouco mais fundo.

AUTOCONHECIMENTO: UMA PRÁTICA PARA A CARREIRA

Todos nós temos talentos, dons, habilidades e interesses. O desafio está em saber identificá-los e utilizá-los em nosso benefício. Por isso é tão importante nos autoconhecer. Não falo apenas de autoconhecimento obtido por meio do processo terapêutico, mas de buscar extrair aprendizados de todas as experiências vividas para, assim, escrever a própria narrativa.

Em meus muitos anos de carreira, percebi que aqueles que se fazem a pergunta a seguir, mesmo que intuitivamente, alcançam seus objetivos de modo mais rápido e eficiente: **Considerando as necessidades desse mercado, como minhas habilidades e experiências podem ajudar as empresas que contratam profissionais em meu país?**

A partir dessa resposta, você se colocará em uma posição muito mais confortável para desenvolver a sua estratégia e construir a sua narrativa. Da perspectiva das empresas contratantes, vou trazer a minha visão prática daquilo que considero essencial na busca por global workers.

COMEÇANDO PELAS HABILIDADES *HARD*

Essa classificação[47] das habilidades *hard* e *soft* ficou bastante conhecida tanto no meio de treinamento e desenvolvimento quanto entre especialistas em carreira. Se você não está familiarizado com os termos, as *hard skills* são aquelas habilidades que você consegue

---

[47] Há bastante controvérsia, hoje em dia, sobre essas definições e até mesmo se o termo *soft* seria o mais adequado. Há novas terminologias sendo adotadas, como *power skills, cognitive skills* etc. Também tenho minhas ressalvas quanto ao termo original, mas vou evitar esse debate aqui. Essa classificação tradicional não compromete o objetivo do nosso método.

mensurar. Elas são concretas, específicas e podem ser ensinadas ou aprendidas em cursos e processos formais. É como obter uma graduação ou formação técnica, falar um idioma estrangeiro ou dominar o uso de um software. São as habilidades que conseguimos comprovar no currículo.

A habilidade técnica é um dos pilares para qualquer profissional que busca atuar como global worker. As empresas podem até não exigir um diploma específico para certas vagas, mas há uma expectativa de que o candidato tenha domínio "hard" sobre a sua área de atuação – que pode ser em tecnologia, marketing, recursos humanos etc.

Essa exigência nos leva a uma conclusão importante: é essencial ter alguma experiência no mundo corporativo. Essa experiência oferece um conhecimento prático de como funcionam as dinâmicas do mundo empresarial, incluindo aspectos de hierarquia, processos e comunicação interpessoal. Sem falar que tal conhecimento do universo corporativo local é muito valorizado pelas empresas globais interessadas em expandir suas operações em nosso país.

Esse tempo de experiência pode variar bastante, porém. Há oportunidades para candidatos que estão começando no mundo dos global workers, bem como para quem tem mais de quinze anos de carreira. É claro que profissionais mais experientes, em geral, vão mirar posições de maior senioridade, enquanto quem está iniciando deve focar vagas de entrada. Todos precisamos começar de algum lugar, concorda?

IDIOMA? *ENGLISH, PLEASE!*

O inglês é, sem dúvida, o idioma oficial dos global workers, como já exploramos no capítulo 1. Por isso, ter fluência no idioma está longe de ser um diferencial; é uma necessidade para a maioria das posições internacionais. Por outro lado, é importante que você saiba que há também espaço para quem domina uma terceira língua. Embora esse idioma complementar possa variar em função da nacionalidade da empresa contratante, eu recomendo, para quem está disposto a se firmar na carreira de global worker, o espanhol.

Para brasileiros, essa combinação de inglês e espanhol é particularmente vantajosa, já que muitas empresas enxergam no profissional brasileiro fluente nesses dois idiomas um ativo estratégico, capaz de liderar operações em toda a América Latina. Em minhas viagens mais recentes a trabalho pelo nosso continente, pude constatar o movimento inverso também. Fiquei surpreso ao ver o quanto mexicanos, argentinos e colombianos têm buscado aprender o nosso português – e aposto que a motivação não é conhecer as praias do Rio de Janeiro ou a excelente culinária da capital paulista.

ALFABETIZAÇÃO DIGITAL, OU *DIGITAL LITERACY*

Em um mundo cada vez mais conectado, a familiaridade com ferramentas tecnológicas é um pré-requisito para quem deseja navegar com segurança no novo mundo do trabalho. As empresas esperam que o profissional tenha fluência nas principais plataformas de comunicação e colaboração utilizadas no trabalho remoto, como Slack, Zoom, Trello, Miro, entre outras. Essas ferramentas são comumente utilizadas no universo de um global worker. Se, em meu início de carreira, o domínio do pacote Microsoft (Word, Excel e PowerPoint) era um pré-requisito, hoje o profissional precisa mostrar que é capaz de lidar com uma variedade de plataformas de colaboração e produtividade.

Essas *hard skills* formam a base técnica para quem deseja ser competitivo no mercado global. Adquiri-las ou aprimorá-las é o primeiro passo para construir uma carreira de sucesso como global worker e se descobrir como profissional cada vez mais.

HABILIDADES GWORKER

É isso mesmo: em vez de somente apresentar uma receita, agora vamos falar de habilidades ou atitudes que farão de você um profissional valorizado no novo mundo do trabalho. Essas são as habilidades do nosso Método GWorker.

ANTECIPAÇÃO

Em vez de falar sobre adaptação, prefiro o conceito de antecipação. Antecipar é estar um passo à frente. Para quem deseja se tornar um global worker, essa habilidade é essencial. Até porque ser um global worker já é, por si só, um modo de antecipação: você está se preparando para atuar em um cenário global, enquanto muitos ainda estão focados apenas no mercado local.

Estamos em um mercado que muda rapidamente, com novas tendências e demandas surgindo a cada momento. E precisamos estar atentos a qualquer movimento diferente no mercado, a fim de entender futuros e buscar posicionamentos estratégicos. Quem se antecipa consegue navegar pelas mudanças de maneira mais tranquila, pronto tanto para as adversidades sem tomar sustos quanto para se lançar em oportunidades inovadoras.

AUTONOMIA

Autonomia é a espinha dorsal do trabalho remoto, especialmente quando se trata de trabalhar para uma empresa estrangeira. Imagine que seus chefes muitas vezes estão em outro fuso horário ou até mesmo em outro continente. Ser autônomo implica assumir uma postura proativa, de não esperar que as ordens cheguem. Em vez disso, você toma a iniciativa, age antes que a necessidade se torne evidente e evita o microgerenciamento, ao inspirar confiança naqueles que estão ao seu redor.

A autonomia exige mais do que apenas a habilidade de gerenciar o próprio tempo: ela demanda a atitude de assumir responsabilidades, garantindo que você sempre esteja à frente, evitando qualquer brecha que desperte dúvidas sobre sua capacidade. Envolve também criar um ambiente positivo de cumplicidade com seu time, o que se converte em maior qualidade de vida para você.

COMUNICAÇÃO CLARA

Saber se comunicar com clareza é essencial quando se trabalha remotamente e em um idioma estrangeiro. A efetividade nas mensagens evita mal-entendidos e mantém a comunicação fluida, o que é crucial em um ambiente sem presença física.

Uma dica é ter a atitude de perguntar sempre que algo não estiver claro. Não tenha receio de pedir mais informações ou de tirar dúvidas. Uma frase simples que aprendi é *"Could you clarify…?"*, bastante útil para solicitar que a outra pessoa explique melhor o que quis dizer. Outra técnica eficaz é repetir o que você entendeu e confirmar: "Foi isso que você disse?". São formas fáceis de reduzir o risco de ruídos na comunicação que podem prejudicar o trabalho e as relações.

Essa habilidade vai além das palavras ditas ou escritas; envolve também a escuta autêntica. Estar presente durante a comunicação, sem distrações e prestando atenção ao que o outro diz sem ficar já pensando na resposta ou no que fará após o trabalho.

A COMUNICAÇÃO COMEÇA COM A ESCUTA ATENTA, QUE FORTALECE O ENTENDIMENTO E CONSTRÓI CONFIANÇA E CONEXÕES VERDADEIRAS.

@GUSTAVOSENGES

Tive um chefe americano que me dizia: "Quem está ou não presente demonstra isso no olhar". Evite ter um olhar disperso, como se estivesse vendo outra coisa no computador, porque isso é percebido pelo outro lado. A comunicação começa com a escuta atenta, que fortalece o entendimento e constrói confiança e conexões verdadeiras.

Ao escutar com atenção e estar presente, você demonstra respeito e consideração pelo seu interlocutor, fortalecendo a qualidade das suas relações profissionais. E essa habilidade, embora pareça simples, é uma das mais valorizadas no contexto de trabalho remoto. Afinal, a comunicação é a base das relações humanas.

MENTALIDADE GLOBAL

Desenvolver essa mentalidade significa aprender a navegar em um ambiente multicultural, onde cada interação carrega uma bagagem cultural distinta, além de expectativas e maneiras de pensar. É essencial entender que a sua perspectiva não é universal e que, ao interagir com pessoas de diferentes partes do mundo, você precisará ajustar suas suposições e formas de comunicação.

Culturas de alto e baixo contexto, por exemplo, podem variar drasticamente na maneira como compartilham informações – algumas são mais diretas, enquanto outras recorrem a sutilezas e sinais não verbais. Saber reconhecer e se adaptar a essas diferenças, sem levar para o pessoal e afastando o pensamento "do meu jeito é melhor", é parte de uma mentalidade global e vai poupar muitas angústias no seu dia a dia.

Lidar com diferenças culturais exige conhecimento, curiosidade genuína e disposição de aprender com os outros. Assim, esteja aberto a investir em adquirir essa habilidade por meio de leitura e cursos, além de experiência prática. A mentalidade global não se desenvolve apenas com teoria; ela se constrói com vivência, observação atenta e capacidade de escuta sem julgamentos.

Um dos poucos temas que eu senti necessidade de estudar de modo formal foi exatamente este: a compreensão cultural. Recomendo o livro *The Culture Map*,[48] de Erin Meyer, que me ajudou a entender melhor como as diferenças culturais impactam o trabalho global. Além disso, participei de um curso de Cultural Awareness e Relações Interculturais em Negócios Globais, do MIT, no qual pude interagir com pessoas de diferentes partes do mundo e aprofundar meu entendimento teórico sobre esses desafios. Essas experiências me permitiram navegar de modo mais eficaz no ambiente multicultural, ajudando-me a criar conexões reais e significativas, a identificar nuances e a encontrar abordagens adequadas para cada contexto. E, claro, isso fortalece parcerias e constrói um ambiente de trabalho muito mais colaborativo e produtivo.

GOOD LUCK!

A sorte, muitas vezes vista como mero acaso, é, na verdade, uma habilidade que pode ser desenvolvida. É claro que a aleatoriedade, ou a roda da fortuna – como gosto de chamar –, existe, mas é possível nos prepararmos para aproveitar a sorte quando ela passar. Entendo que ela contém três elementos que podemos controlar: atenção, preparo e coragem.

Quem me acompanha nas redes sociais já me ouviu comparar a sorte a uma situação de um náufrago perdido em uma praia deserta, onde, do nada, um cavalo surge, correndo em disparada. O cavalo representa uma oportunidade, algo inesperado que surge em

---

[48] MEYER, E. **The Culture Map**: Breaking Through the Invisible Boundaries of Global Business. Nova York: Public Affairs, 2016.

nossa vida. Se você está de cabeça baixa, desatento, ele vai passar sem que você perceba. E mesmo que note o galope do animal, é preciso ter as habilidades certas e coragem para montá-lo.

A sorte, então, é mais do que simplesmente estar no lugar certo na hora certa. Ela é uma combinação de atenção com preparo, adicionados a uma boa dose de coragem.[49]

NÃO MENTIRÁS

No mundo corporativo global, a honestidade é uma regra de ouro. "Não mentirás" é um princípio que não pode ser ignorado, especialmente quando se trata de construir uma carreira sólida como global worker.

O mercado global é um ambiente hiperconectado, uma pequena aldeia na qual pessoas de vários lugares convivem. Assim, a reputação passa a valer muito. A tentação de "ajustar" um currículo para torná-lo mais atraente pode surgir, mas é um risco que não vale a pena correr. Empresas que contratam global workers realizam *background checks* rigorosos, que podem incluir a verificação de experiência profissional, formação acadêmica e até antecedentes criminais. Vou abordar esse tema com mais profundidade no capítulo 9, mas minha orientação é clara: manter a transparência desde o início é a melhor maneira de construir uma carreira global sólida e sustentável.

HABILIDADES "SECRETAS"

Além das habilidades de um GWorker, quero destacar duas outras que não constam em cartilhas de carreira, muito menos em manuais

---

[49] Impossível não me lembrar do ótimo livro de um autor do qual gosto muito: Mario Sergio Cortella. Trata-se de *A sorte segue a coragem!*, publicado pela Editora Planeta em 2018.

sobre o futuro do trabalho. Mas confie em mim: elas vão garantir portas abertas, *netplaying* e recomendações de colegas. Podem parecer características óbvias, mas o mundo está carente de pessoas com esse perfil, então busque desenvolver essas habilidades para o bem da humanidade também, não só para o mundo corporativo.

TORNE-SE UMA PESSOA INTERESSANTE

Ser interessante é, sim, uma habilidade! Envolve cultivar hobbies, paixões e interesses que o diferenciem e permitam que você atraia boas conexões no ambiente de trabalho. Ter um hobby ou uma atividade fora do expediente que desperte a curiosidade dos colegas é uma maneira natural de iniciar conversas e construir relacionamentos. Pode ser algo artístico, como tocar um instrumento ou fotografar, ou algo mais prático, como cozinhar ou praticar esportes.

Tenho o exemplo de um mentorado brasileiro que mora em Seattle, nos Estados Unidos, e se tornou técnico voluntário de futebol na escola dos filhos. Esse envolvimento fez dele uma figura popular entre os colegas de trabalho, e o assunto sempre surge nas conversas virtuais às segundas-feiras.

A habilidade de ser interessante permite que você gere um clima positivo ao seu redor e seja reconhecido como uma pessoa que todos querem escutar nas reuniões sociais, sejam elas virtuais ou presenciais.

SEJA AGRADÁVEL

Ser agradável parece ser o mínimo, certo? Infelizmente, não é a realidade, o que torna essa habilidade extremamente eficaz no ambiente corporativo. Pessoas que sabem escutar oferecem apoio sem julgamentos e têm uma atitude positiva são aquelas com quem todos querem conversar. Um bom humor na medida certa, brincadeiras apropriadas e disposição para ajudar e se conectar podem transformar o clima de uma equipe.

Ser essa pessoa com quem seus colegas querem dividir histórias, sucessos ou problemas cria um vínculo de confiança que vai além do ambiente de trabalho. E essa confiança gera oportunidades: colegas e superiores acabam considerando você um aliado, o que naturalmente abre portas e favorece recomendações.

O "CASAMENTO" ENTRE O QUE O MERCADO BUSCA E VOCÊ

Nessa fase, o alinhamento entre as suas habilidades e o que o mercado global de trabalho procura depende da sua leitura crítica e pessoal. Não se trata só de conhecer o mercado – algo que já discutimos extensivamente até aqui –, mas de se conhecer e entender como suas experiências, suas competências e seus interesses se conectam com as oportunidades. Por isso, será necessário refletir sobre as suas habilidades *hard* e GWorker, identificando o que já está desenvolvido e no que você vai precisar trabalhar.

Aproveito este momento para fazer uma ressalva, acompanhada de um pedido de desculpas. Embora eu tenha me esforçado para tornar este livro o mais interativo possível, existem limitações físicas que precisamos reconhecer. Não estamos realizando um trabalho direto, como seria em um curso ou uma mentoria. Por isso, infelizmente, não consigo conhecer você tão profundamente quanto seria necessário para uma análise individualizada. Em outras palavras, eu não consigo saber onde você está em seu ponto A, a sua condição atual. Sua área de formação, fluência em idiomas, se trabalha para uma empresa local, se está buscando trabalho ou se já deu os primeiros passos como global worker, ou quais habilidades vai precisar desenvolver.

Por causa disso, você terá que ser o seu próprio mentor nesta etapa do método. Mas confio em você, sei que tem essa capacidade. Chegamos ao momento em que o autoconhecimento passa a ter um papel fundamental.

Nesta fase de descoberta, você deve olhar para dentro e compreender as habilidades que possui e as que ainda precisam ser aprimoradas, a fim de atender às demandas do mercado global. Em posse de todas as diretrizes que apresentei, cabe a você fazer essa análise aprofundada e, com ela, ajustar o plano à sua própria realidade.

Para completarmos o último ciclo da etapa de descoberta e fecharmos essa primeira etapa do Método GWorker, você vai precisar refletir novamente sobre a questão que deixei no início deste capítulo. Pela minha experiência, recomendo começar pelas habilidades *hard*, pois é sempre mais fácil fazer essa análise. Em relação às habilidades GWorker, você vai precisar de um pouco de paciência e dedicação.

Para ajudá-lo a refletir, refiz a questão inicial de diferentes maneiras:

- Quais dessas habilidades são naturalmente fáceis para você?
- Já recebeu elogios de colegas a respeito de quais delas?
- É conhecido entre as pessoas próximas por ter essas habilidades?
- Já recebeu feedback negativo ou crítica de amigos sobre tais atitudes?
- Qual você diria ser a sua melhor e pior habilidade dentre as listadas?

Seja honesto consigo durante essa análise. Esta é a etapa em que você desenha o próprio caminho, preparando-se para o próximo passo: transformar esse autoconhecimento em uma estratégia eficaz, a fim de alcançar as oportunidades que o mercado global tem a oferecer. É fundamental que você se comprometa com essa tarefa para podermos seguir com confiança para a etapa seguinte.

Quando estiver pronto, aguardo você no próximo capítulo, para construirmos a sua narrativa.

08 A CONSTRUÇÃO

Precisamos contar a nossa história. Se não soubermos fazer isso, alguém fará por nós e, assim, perderemos o controle da própria vida. Pode parecer um pouco radical à primeira vista, mas, antes de qualquer julgamento, assista ao TED Talk "O perigo da história única", da escritora nigeriana Chimamanda Adichie. Sabe aqueles minutinhos que dedicamos a aprender algo capaz de mudar a nossa vida? Essa é uma dessas oportunidades. Então, antes de seguirmos, reserve cerca de dezenove minutos para isso. Assim, vai ficar mais fácil entender a importância de dominarmos nossas histórias, especialmente a nossa narrativa profissional.

www.ted.com/talks/chimamanda_ngozi_adichie_the_danger_of_a_single_story?language=pt-BR&subtitle=pt-br&lng=pt-br&geo=pt-br

Assistiu? Então, você deve concordar com a importância dessa etapa de construção de nosso histórico de carreira. O domínio de nossa narrativa se reflete diretamente na elaboração do currículo e na preparação para entrevistas. Afinal, currículos e entrevistas são exemplos perfeitos de contação de histórias. Simples assim! Quem entende e domina essa técnica vai muito mais seguro para a fase de entrevistas.

Aprender a contar a sua história é uma das etapas mais fascinantes e na qual mais testemunhei transformações e grandes conquistas de alunos e mentorados. O contato com a história de vida das pessoas me desperta tanto interesse que tem me levado a ler sobre psicanálise. Por enquanto, ainda não mergulhei nesse estudo, mas estou me aventurando em leituras de textos específicos de autores e temas que me interessam. Quem sabe eu esteja experimentando a "tarde da vida", como Carl Jung[50] definiu a virada que ocorre na faixa dos 50 anos, quando deixamos para trás a fase de construção da nossa identidade e obtenção de aprovação social para dar lugar à compreensão do "verdadeiro eu" e à priorização dos nossos valores internos?

Retomando o nosso tema. É importante notar que sempre que narramos um fato, uma história, fazemos com o olhar atual sobre algo que ocorreu no passado – e com a nossa carreira, deve acontecer a mesma coisa. Portanto, contamos uma história por meio de nossas lentes, que são compostas de valores, crenças, interesses e nossa visão de mundo. A psicanálise nos oferece um conceito valioso nesse sentido: o *après-coup*.[51] Ele se refere à nossa capacidade de ressignificarmos, à luz de um novo entendimento, experiências passadas. Ao revisitarmos a nossa trajetória, podemos perceber que muitos momentos, que à época pareciam desconexos ou até sem importância, revelam um valor único, encaixando-se com o que buscamos construir.

Tudo isso me lembra o famoso discurso de Steve Jobs para uma turma de formatura de 2005, na Universidade de Stanford,[52] quando

---

[50] JUNG, C. **Memórias, sonhos, reflexões**. Rio de Janeiro: Nova Fronteira, 2017.

[51] O termo em francês *après-coup*, em tradução literal, seria o *após o ocorrido*, ou *após o fato*.

[52] Você pode assistir ao discurso legendado em: www.youtube.com/watch?v=45 xrq0wpqv4. Acesso em: 31 out. 2024.

ele disse que não se pode ligar os pontos olhando para a frente; só podemos ligá-los olhando para trás. Embora algumas decisões não tenham uma lógica aparente à época, no futuro, quando as conexões entre os eventos se tornarem claras, tudo fará sentido.

É isso! Você precisa refletir sobre o seu caminho até aqui e narrar essa trajetória de modo a fazer sentido. Ao olharmos para trás com maturidade, com o olhar de quem compreende o todo, conseguimos ver como nossas habilidades e nossos aprendizados contribuíram para nossa jornada. É assim que aprendemos a contar nossa história de maneira autêntica e envolvente, conectando os eventos e destacando nosso crescimento, nossas decisões conscientes e as experiências que nos trouxeram até aqui.

CURRÍCULOS: A SUA NARRATIVA POR ESCRITO

A construção de um currículo é muito mais do que o simples ato de "copiar/colar" empregos e títulos acadêmicos em ordem cronológica. Posso contar a minha experiência estando do lado da empresa contratante, e espero que isso ajude você a visualizar o processo de recrutamento e seleção.

Sempre fui bastante detalhista e criterioso quando recebia currículos de candidatos, mas nem sempre temos tempo de ler o currículo com antecedência. Imagine que seu recrutador ou futuro chefe (*hiring manager*, para sermos mais técnicos) vai ter alguns minutos para aprender sobre você por meio dessa narrativa escrita e, a partir dela, formulará perguntas sobre sua formação, mudanças de curso, pausas entre trabalhos, por que ficou apenas dois meses no emprego X, por que saiu do emprego Y para o Z etc. Percebeu como funciona? Você precisa estar seguro de cada resposta e no comando de sua história.

AO OLHARMOS
PARA TRÁS COM
MATURIDADE, COM
O OLHAR DE QUEM
COMPREENDE
O TODO,
CONSEGUIMOS
VER COMO NOSSAS
HABILIDADES
E NOSSOS
APRENDIZADOS
CONTRIBUÍRAM
PARA NOSSA
JORNADA.

@GUSTAVOSENGES

Por isso, se há um ponto em que sou bastante insistente é o de não delegar a função de "elaborar" o seu currículo a um terceiro. Não estou dizendo que não podemos nos apoiar em profissionais especializados na elaboração de currículos, ou mesmo em ferramentas capazes de nos ajudar com currículos em outro idioma. Eu mesmo já utilizei os serviços de uma empresa americana de *outplacement* para reformular o meu. O resultado foi muito interessante, pois tive pela primeira vez a oportunidade de trocar experiências com uma profissional nativa e especialista na elaboração de currículos para executivos globais. A diferença é que eu já tinha a minha narrativa pronta e sabia o que queria. Portanto, o trabalho dela foi efetuar ajustes finos em uma estrutura feita por mim.

Outra coisa: currículo não é formato. Isso é uma mera formalidade que as pessoas vendem como se fosse um segredo guardado a sete chaves. Não tem segredo. Opte por um modelo simples, que comece com um resumo sobre você, em seguida conte sua experiência profissional e acadêmica e, no final, apresente certificados que sejam relevantes, como idiomas ou treinamentos específicos. A sequência do LinkedIn acabou se tornando o padrão internacional. Se for exportar para o papel, siga a mesma ordem e o conceito da rede social.

Não custa advertir: monte o currículo em inglês, sem erros (na dúvida, a versão gratuita do ChatGPT pode ajudar), usando no máximo duas folhas (uma é o ideal), não coloque sua idade ou outras informações pessoais desnecessárias, e nunca sua foto. E, claro, tenha a versão digital sempre atualizada. O currículo impresso está cada vez mais em desuso nos processos de candidatura para global workers.

REFORMULANDO NOSSAS NARRATIVAS

Recebo muitas perguntas de profissionais que, após se formarem em áreas específicas, como Medicina ou Direito, acreditam que o único caminho possível é o tradicional, trabalhar em escritório/consultório, e que não há oportunidades de atuação para global workers. A dúvida é natural, afinal profissões que exigem licenças específicas em cada país são de fato menos versáteis em comparação a áreas como tecnologia, marketing ou vendas. No entanto, isso não significa que esses profissionais estejam automaticamente excluídos do mercado de vagas globais.

O que esses profissionais precisam fazer é expandir estrategicamente a carreira. À medida que o mercado global se expande e novas empresas de saúde, especialmente biofarmas, entram em vários países, existe uma demanda crescente por profissionais que, além de suas qualificações técnicas, possuam habilidades de gestão.

Há casos de médicos que perceberam essa carência do mercado e decidiram aprimorar outras habilidades, tornando-se gestores capacitados para liderar equipes, conduzir operações regionais e gerenciar a implementação de produtos. Um exemplo que posso citar é o da Paula, uma médica de formação que contratamos para liderar a expansão de uma farmacêutica na América Latina. Ela teve que deixar de lado a prática clínica tradicional e adquirir habilidades de gestão de negócios e liderança. O conhecimento técnico na área da saúde foi importante para sua contratação, mas o que realmente fez dela uma candidata valorizada foi a capacidade de gerir equipes e projetos. Essa combinação de experiência técnica com habilidades de liderança e gestão tornou-a indispensável para a operação da empresa na região. Hoje, ela vive com a família em Miami, no Estados Unidos, de onde lidera a operação da empresa na América Latina.

Outro exemplo são os profissionais de Direito, como eu. Desde que me tornei global worker, não atuo mais como advogado tradicionalmente falando. Minha formação em Direito serviu como base; porém, para atuar no mercado global, precisei expandir meu conhecimento e me dedicar à gestão de pessoas, ao desenvolvimento de negócios e a um entendimento prático sobre finanças corporativas para elaborar planos de negócios.

Advogados que se dispõem a deixar a advocacia e abraçam habilidades de gestão, seja em cargos de liderança, seja em operações de *compliance*, tornam-se profissionais altamente requisitados por empresas globais, em especial aquelas que precisam navegar por diferentes regulamentações.

Em resumo, para profissionais que vêm de áreas mais regulamentadas, como Medicina, Odontologia ou Direito, o caminho não é abandonar a sua área de formação, mas investir em uma expansão de carreira. Ao desenvolver habilidades além do seu campo técnico, você se tornará um profissional mais versátil e competitivo no mercado global. Essa expansão abre portas para vários cargos em áreas que exigem uma combinação de expertise técnica e competências de gestão.

ENTREVISTAS: DOMINANDO A SUA NARRATIVA ORAL

Chegamos à etapa que considero o desafio da grande maioria dos candidatos: as entrevistas. Já coloquei no plural porque nunca é apenas uma. Você já pode esperar por isso. Dependendo do tamanho e da estrutura da empresa contratante, será preciso lidar, em seu processo de entrevistas, com uma sequência de profissionais que querem conhecer você. Se ficar em dúvida sobre a necessidade das exigências da empresa contratante, coloque-se "do outro lado da mesa". Imagine que você é um americano de uma cidade média dos Estados Unidos, não fala outro idioma e tem a difícil função de contratar um profissional brasileiro para ajudar a resolver os problemas do seu departamento, a fim de que possa atingir os resultados esperados e viver com mais tranquilidade. Você vai precisar saber se o candidato, além de conhecimento técnico, possui boa comunicação, autonomia, confiança etc. Se possível, identificará se há "*match*" entre o candidato e a cultura da empresa.

Ufa! Tarefa difícil, não? Por isso, melhor convidar outros colegas para entrevistarem esse seu candidato, certo? Assim, vocês podem discutir as impressões de cada um e chegar a um veredito. É como funciona. A quantidade de entrevistas e a decisão de se vai haver um recrutador fazendo a filtragem inicial dependem de vários fatores, como tamanho da empresa, perfil da vaga e senioridade do cargo.

De qualquer modo, vou tentar descrever como pensam e agem duas figuras distintas: o recrutador e o *hiring manager*. Cada uma dessas audiências tem expectativas e necessidades diferentes, e estar consciente do que cada uma deseja pode ser o diferencial que vai garantir a sua aprovação.

RECRUTADOR: A PENEIRA INICIAL

O recrutador é o responsável por fazer o primeiro filtro no processo de seleção. Sua principal função é garantir que o candidato tenha as qualificações mínimas necessárias para a posição e que avance para as próximas fases. Para o recrutador, o foco está em qualificações acadêmicas, certificações, treinamentos específicos e experiência profissional, tudo alinhado com a descrição da vaga. O recrutador também valoriza habilidades técnicas e comportamentais (*hard* e *soft skills*) que se destacam no currículo e podem ser mencionadas durante a entrevista.

Outro ponto que o recrutador considera fundamental é a postura profissional do candidato. Isso inclui desde o formato do currículo até a maneira como a pessoa se expressa durante a conversa. Detalhes como gramática, clareza e precisão na comunicação são observados com rigor. Tão importante quanto são os sinais de que o candidato se encaixa na cultura organizacional da empresa e na dinâmica da equipe. Isso significa que, além das habilidades técnicas, são avaliados o comportamento e a atitude durante a entrevista.

HIRING MANAGER: O TOMADOR DE DECISÃO

O *hiring manager*, por outro lado, é quem vai definir, ao final do processo, se você será ou não contratado. Para ele, a prioridade é entender se o candidato tem a experiência específica e detalhada que a posição exige e se realmente pode trazer valor para a empresa. Isso quer dizer que ele vai olhar para suas conquistas passadas – exemplos concretos de como você agregou valor a seus empregadores anteriores. Aqui, é importante demonstrar resultados mensuráveis e específicos, como metas atingidas, problemas resolvidos ou impacto gerado em projetos.

O *hiring manager* vai focar muito mais as habilidades técnicas necessárias para o cargo, verificando se o candidato possui as competências de que o time precisa no momento. Além disso, ele está interessado nas habilidades de resolução de problemas. "Como você enfrentou desafios no passado? Como contribuiu para o sucesso de projetos importantes?" Exemplos práticos são essenciais para fortalecer suas chances.

Outro ponto que o *hiring manager* avalia é a progressão de carreira. Ele quer entender se o seu crescimento profissional segue uma evolução lógica e se você tem potencial para crescer dentro da organização, e não apenas para ocupar determinada posição momentaneamente. E claro, nesse estágio do processo, quando candidatos possuem habilidades e experiências muito próximas, o que vai decidir será o critério afinidade – algo que não permite controle nem preparo. Na dúvida, lembre-se daquela habilidade secreta: seja agradável.

Se você é um candidato de tecnologia disputando uma vaga bem característica da sua área, prepare-se para enfrentar algum teste ou dinâmica específica no processo de seleção, especialmente na etapa de entrevistas. Exemplos comuns são casos reais de desafios enfrentados pelos times da empresa contratante que são convertidos em testes para os candidatos solucionarem no momento da entrevista.

Dica final: além de pesquisar sobre o mercado e o negócio da empresa, entenda sobre o departamento para o qual você está sendo entrevistado (o que faz o profissional XYZ para a vaga que você está disputando) e, se possível, saiba com quem você vai falar. Quando há uma sequência de entrevistas, tem como saber antes o nome e o título do seu próximo entrevistador. Então, com um pouco de habilidade social, é possível fazer uma leitura do perfil dessa(s) pessoa(s).

E O TAL ATS,[53] COMO FUNCIONA ISSO?

Sou bastante descrente e pouco interessado nas ferramentas de *applicant tracking system*, ou ATS, para os íntimos. Primeiro, porque

---

[53] Um ATS (*applicant tracking system*) é um software utilizado por grandes empresas para otimizar o processo de recrutamento e seleção. Ele permite gerenciar e organizar informações sobre candidatos, automatizar a triagem de currículos e acompanhar o progresso do processo seletivo.

a considero superestimada. E segundo, porque o processo de recrutamento para vagas globais é mais manual. Portanto, não gaste seu tempo tentando superar o ATS. Entenda que o ATS é apenas um software que organiza processos de recrutamento e seleção para os recrutadores e as empresas. E lembre-se dos dados que venho repetindo desde o capítulo 4: a maioria das contratações acontece por indicação e networking, não por softwares. Então, vamos concentrar energia naquilo que importa!

COMO FAZER NETWORKING. OU MELHOR, *NETPLAYING*

Quase todo mundo conhece algum global worker! Sim, eu posso garantir isso. Experimente puxar o assunto com a sua médica, com o motorista do Uber, com aquela sua amiga de escola que você não vê há muito tempo, com o seu vizinho do andar de cima que passa o dia trabalhando de casa. Aposto que vai perceber que quase todo mundo conhece alguém que trabalha desse modo.

O conceito de global worker pode ser novo para muitos, mas a prática já se enraizou em várias esferas. Quando começamos a prestar atenção e conversar com pessoas ao nosso redor, percebemos que essa rede de profissionais globais está mais próxima do que imaginamos. Essa descoberta tem um valor especial: é por ela que podemos começar a construir nosso networking e nossa primeira oportunidade nesse universo.

Acabei optando por chamar esse movimento de *netplaying*, a prática de buscar ativamente conexões, de maneira fluida e natural, explorando relacionamentos reais e virtuais com pessoas que conhecemos ou que podemos conhecer. Esse é um dos melhores caminhos para dar os primeiros passos no mercado de carreiras globais.

Costumo definir o *netplaying* como a conexão espontânea e natural com pessoas do nosso convívio pessoal e profissional sem que estejamos esperando algo em troca. Precisamos parar de querer estruturar e "americanizar" tudo. Nós, brasileiros, somos naturalmente craques na arte de nos relacionar. Portanto, cada conversa nos aproxima um pouco mais de uma carreira global, ampliando nossas possibilidades e nos conectando a oportunidades que, talvez, não apareçam em um primeiro momento, mas que lá na frente podem nos surpreender.

No mercado de trabalho global, as oportunidades nem sempre aparecem em anúncios de emprego. Muito pelo contrário, como contei anteriormente, muitos profissionais iniciam suas carreiras globais por meio de *netplaying*. Construir essa rede é mais do que enviar convites pelo LinkedIn; é buscar contato real, ouvir histórias e se interessar de maneira genuína pelos caminhos que outras pessoas trilharam.

Uma das melhores oportunidades profissionais que tive chegou de uma maneira inusitada. Eu era diretor da América Latina de uma dessas empresas de *staffing*, que contratam profissionais na região para clientes estrangeiros, quando fui procurado por uma consultora e sua cliente. Ambas americanas, interessadas em contratar profissionais de tecnologia na região, queriam saber como funcionava o mercado de trabalho, a média salarial, as formas de contratação (CLT e PJ) etc. Nós nos reunimos algumas vezes, elas aparentavam pressa para fechar com a minha empresa, eu passei todas as informações, mas, em seguida, elas sumiram.

Cerca de um mês depois, fui informado de que essa empresa havia montado a própria operação de recrutamento e contratação de profissionais de tecnologia, provavelmente pelo pouco tempo para a estruturação, usando todo o conhecimento e a informação que eu passara a elas. Fiquei indignado e bastante chateado; me senti lesado, ingênuo e outras coisas ainda piores. Mas segui a vida e o trabalho.

Uns dois anos mais tarde, a consultora me procurou, se desculpou pelo ocorrido e explicou que também fora "usada" por aquela empresa. Mas o principal motivo da ligação dela era dizer que havia uma vaga para líder na regional de uma empresa na qual eu sempre quisera trabalhar, com remuneração excelente e liberdade para montar o negócio do zero e a equipe no Brasil. Perguntei por que pensara em mim, e ela me respondeu que não havia sido "só" por todo o conhecimento que eu tinha, mas por minha integridade, minha maneira de me comunicar, mentalidade global etc. Em outras palavras: *netplaying*! Moral da história: seja ético, profissional e agradável mesmo com pessoas e em situações nas quais não esperamos nada.

Então, minha recomendação é esta: comece seu *netplaying* agora. Pergunte, observe e, principalmente, esteja atento às pessoas ao seu redor. O mercado global não é tão distante quanto parece, apenas precisamos estar abertos e disponíveis para escutar e aprender com o outro.

Vale dizer que o *netplaying* para profissionais de tecnologia tem um diferencial. Além da construção espontânea de relacionamentos, há outras maneiras mais organizadas para que essas trocas ocorram. Muitas escolas e cursos de programação, fintechs e até empresas de recrutamento internacional costumam promover eventos específicos, voltados exclusivamente para esse público. Esses encontros oferecem uma interação direta com recrutadores e líderes especializados em tecnologia, além de serem contextos que proporcionam a troca de experiências e insights sobre o mercado.

Poucas áreas têm esse tipo de estrutura tão organizada para que empresas contratantes se conectem com talentos globais.

Embora o profissional de tecnologia tenha mais acesso a esse tipo de evento, outras áreas, em especial a indústria criativa (como marketing, design etc.), também tendem a se beneficiar dessa estrutura, usando tais encontros como uma ponte para expandir a própria rede. Estar atento a essas iniciativas é fundamental para quem quer expandir a sua rede e alcançar uma vaga global.

O PAPEL DOS HEADHUNTERS E RECRUTADORES

Eu não poderia deixar de falar desse personagem tão idealizado pelos candidatos. Existe um conceito bastante equivocado entre os profissionais no Brasil sobre o papel do headhunter – um termo que, inclusive, nem é tão utilizado no meio de recrutamento e seleção. O erro comum é achar que o headhunter trabalha para o candidato. É importante esclarecer que isso é muito raro e, quando acontece, se dá no mercado de *executive search*, focado no recrutamento de executivos de alto escalão. Nesse cenário, é possível que um executivo contrate um headhunter para trabalhar exclusivamente para ele. Em geral, isso envolve uma cobrança baseada na remuneração anual do executivo.

Portanto, vou reforçar: recrutadores trabalham para as empresas contratantes, e por elas são remunerados. Nunca o contrário. Não estou querendo dizer que recrutadores não mantenham relacionamento com candidatos – afinal, é do interesse deles construir uma base sólida de talentos. Assim, quando o empregador abrir uma posição, o recrutador terá opções qualificadas à disposição. Mas isso não significa que o recrutador esteja trabalhando *para* o candidato, entende? Por esse motivo, vale reforçar que não é uma estratégia eficiente que os candidatos concentrem suas energias abordando recrutadores. Exceto se for para uma vaga específica.

Em vez disso, é muito mais eficiente você direcionar suas forças para dominar sua narrativa, construir um bom currículo e investir em *netplaying*. Além de buscar ativamente vagas em empresas, como veremos na terceira fase do Método GWorker.

CONSTRUINDO A SUA CONTRATAÇÃO

Antes de avançarmos para a terceira fase do Método GWorker, convido você a fazer um checklist deste capítulo. Lembrando-se do que aprendemos anteriormente: há três maneiras, cada uma com o mesmo percentual de chances de sucesso, de um global worker brasileiro ser recrutado por uma empresa estrangeira. Por enquanto, vamos concluir duas dessas maneiras.

1) Ser selecionado passivamente: essa alternativa você aprendeu aqui. Depois de construir sua narrativa de modo autêntico e coerente, você precisa fazer com que o seu perfil no LinkedIn reproduza a sua história. Pronto, você fez a sua parte. Ser encontrado passivamente, apesar de ser a estratégia da maioria dos especialistas em carreira, não é algo sob seu controle. Se você faz parte do seleto grupo de profissionais supercobiçados,[54] parabéns! Se você não está nesse time, precisa investir no grupo seguinte.

2) Ser contratado por indicação de um amigo (leia-se, *netplaying*): também abordamos aqui. Lembre-se de que existem pessoas do nosso convívio trabalhando de maneira remota para empresas estrangeiras. Se você ainda está em um trabalho tradicional, mas se interessa pela

---

[54] Existe uma expressão no mercado para definir quem possui formação em tecnologia, fala inglês e espanhol. Dizemos que esse profissional tem a **tríplice coroa**.

ideia de conseguir uma oportunidade nesse mercado de carreiras globais, comece por essas pessoas! Conecte-se, comunique, ouça com interesse e aprenda. Se já deu seus primeiros passos como global worker, mesmo que em um pequeno projeto como freelancer, aumente a sua rede, demonstre não apenas a sua capacidade de trabalho, mas também que você é uma pessoa agradável. E não deixe de estender a mão para aquele amigo que não aguenta mais o presencial tradicional. Se você for de tecnologia, considere os eventos organizados por escolas de programação, fintechs e recrutadores estrangeiros.

Demos *check* nessas duas maneiras de alcançar a tão sonhada vaga global, dobrando assim as chances de sermos contratados. No próximo capítulo, vamos triplicar essas chances e assim preencheremos todos os modos para um global worker ser recrutado. Vem comigo!

09 A EXECUÇÃO

Pronto! Chegamos à parte de que eu mais gosto. Apesar de nunca ter sido contratado por meio de candidatura direta para vagas, já acompanhei muitos processos que ocorreram dessa maneira. Sem falar que ter o poder de traçar uma estratégia de busca e candidatura para a vaga que desejamos traz uma satisfação diferente. Ah, não estranhe essa minha animação. É coisa de profissional da área que agora passou a trabalhar ao lado do candidato e fica motivado com o assunto.

Nesta última etapa do método, quero voltar um pouco e lembrar as três maneiras pelas quais um global worker pode ser contratado. No capítulo anterior, eu já destrinchei as duas primeiras – ser recrutado passivamente e *netplaying*. Agora, completaremos a terceira maneira, que é a busca ativa por vagas. Esse caminho representa outra grande parcela dos contratados para vagas globais, por isso você precisa dar bastante atenção a ela.

Esse é o único modo pelo qual você ativamente escolhe, seleciona e se candidata. Em outras palavras, o processo de execução está inteiro sob seu controle. Por mais que você não seja chamado para as entrevistas ou não seja selecionado, esse caminho tem um valor simbólico muito importante: ele coroa a sua dedicação e o seu esforço em colocar o Método GWorker em prática e demonstra que você está verdadeiramente preparado. Em outras palavras, a sua aprovação é uma questão de tempo.

Além disso, esta etapa do método não é ensinada pela grande maioria dos especialistas de carreira que já ficaram para trás. Não estou desmerecendo o trabalho de ninguém, mas falo de ficar para trás no sentido de que não chegou até aqui, tendo depositado todas as suas fichas no recrutamento passivo contando com o tal "currículo matador", ou no máximo tendo recomendado a prática do networking. Confesso que sinto muita satisfação por ter desenvolvido esse método e de já ter ajudado muitos profissionais a construírem suas carreiras como global workers. E fico muito feliz por você ser mais um integrante desse time!

BUSCA E CANDIDATURA PARA AS VAGAS

Na construção de uma carreira global, especialmente no contexto do trabalho remoto, o fator da localização perdeu grande parte de sua importância. A localização, que antes determinava oportunidades de trabalho, sobretudo em grandes cidades onde o trânsito poderia consumir horas do dia, agora é secundária devido ao avanço das vagas remotas globais. Hoje, profissionais têm a liberdade de trabalhar para empresas sediadas em qualquer parte do mundo sem a barreira da distância. Essa é uma transformação significativa que eu testemunhei ao longo da minha carreira.

Contudo, dois elementos continuam a moldar a maneira como as vagas são oferecidas e selecionadas: a senioridade e o departamento. A senioridade continua a ser um fator importante no descritivo de uma posição aberta. É fundamental que, ao se candidatar para uma vaga, você tenha clareza sobre seu nível de experiência, de modo a selecionar oportunidades que estejam alinhadas com a sua trajetória. Uma candidatura equivocada – tanto para um cargo acima quanto para um abaixo de suas qualificações – pode causar a sensação de desalinhamento, ou até de desconhecimento da sua parte, dificultando o processo de seleção e adaptação.

Além da senioridade, o segundo critério que não sofreu mudança significativa no novo mundo do trabalho é o departamento. Em regra, toda vaga publicada pela empresa contratante se insere em uma estrutura organizacional específica. Estou dando o nome de departamento, mas isso costuma variar de acordo com a empresa, que também pode chamar de setor, time ou *squad*. Estrategicamente, cada time deve ser visto como um portal de acesso à vaga desejada.

Então, para iniciarmos esse planejamento, a seguir listo os mais comuns, mas saiba que cada empresa tem a própria maneira de nomear seus departamentos. De qualquer modo, essa variação não afeta a lógica do nosso método. Basta ficar atento e pesquisar bem sobre cada empresa contratante.

- **Recursos humanos (RH)**: responsável por recrutamento, treinamento e desenvolvimento, folha de pagamentos e gestão de benefícios. O RH também lida com questões de cultura organizacional, *compliance* e políticas internas.

- **Marketing**: encarregado de criar e implementar estratégias de comunicação, branding e promoção de produtos ou serviços. O departamento de marketing é dividido em áreas como marketing digital, pesquisa de mercado, *branding*, publicidade e gestão de eventos.

- **Vendas (*sales*)**: focado em gerar receitas, vendendo os produtos ou serviços da empresa. Inclui cargos desde representantes de vendas até gerentes de contas e especialistas em desenvolvimento de negócios. Aliás, muitas empresas separam o departamento de vendas do de desenvolvimento de negócios (ou *business development*).

- **Financeiro**: cuida da gestão financeira da empresa, incluindo orçamento, controle de despesas, contas a pagar e a receber e relatórios financeiros. Em empresas maiores, pode haver subdivisões, como contabilidade, tesouraria e controle financeiro.

- **Tecnologia da informação (TI)**: responsável por infraestrutura tecnológica da empresa, suporte técnico e segurança da informação. Em muitas empresas, também inclui desenvolvimento de software, gestão de dados e integração de sistemas.

- **Operações**: cuida dos processos e da eficiência operacional da empresa, garantindo que tudo funcione conforme o planejado. Pode incluir áreas como logística, produção e cadeia de suprimentos.

- **Jurídico (legal)**: gerencia contratos, questões de *compliance*, propriedade intelectual, privacidade de dados e outras áreas que envolvem aspectos legais da empresa. Esse departamento é vital para organizações que precisam atuar em setores altamente regulados ou que oferecem serviços disruptivos.

- **Produto**: focado em desenvolvimento, design e gerenciamento do ciclo de vida dos produtos ou serviços oferecidos pela empresa. Abrange cargos como gerentes de produto e designers.

- **Serviço ao cliente (*customer support*)**: dedicado a garantir a satisfação dos clientes, respondendo dúvidas, resolvendo problemas e coletando feedback. Em algumas empresas, também inclui equipes de sucesso do cliente (*customer success*).

"Certo, Gustavo, mas o que faço com isso?" Bom, imagine aqueles brinquedos infantis em formato de bloco, nos quais crianças em seus primeiros anos de vida precisam encaixar as diferentes figuras geométricas. O quadrado precisa entrar pelo espaço do quadrado, o círculo pelo de círculo etc. Quando se trata de candidatura para vagas, deve funcionar da mesma maneira.

Parece óbvio, mas não é. Vejo em minhas experiências, tanto como mentor quanto como executivo de recrutamento, mentorados e candidatos escolhendo vagas totalmente diversas daquilo para o qual suas narrativas e experiências apontam. Essa imprecisão está cada vez mais comum, uma vez que as carreiras deixaram de seguir uma trajetória linear.

Vou explicar como o processo de busca deve ser realizado, dando dois exemplos. Se você é graduado em Engenharia da Computação e sua experiência profissional foi sempre como desenvolvedor, o seu caso parece simples, e essa parte do método pode soar até redundante. Mas você pode fazer parte de outro grupo: profissionais formados em áreas distintas daquelas em que trabalham e que passaram por diferentes departamentos durante a carreira. Um bom exemplo é de uma profissional com formação em Psicologia que tinha experiência tanto no departamento de RH quanto no de serviço ao cliente.

Se o seu caso se assemelha ao de nosso amigo desenvolvedor, o caminho natural é se candidatar para uma vaga no time de TI. Por outro lado, se o seu caso se parece com a de nossa amiga psicóloga de formação, você pode (e deve) voltar para a fase de construção e rever a sua narrativa. Essa é a atitude recomendada. É nesses casos que o Método GWorker será o seu diferencial, e é exatamente por isso que ressalto sempre que carreira é jornada, não apenas um trabalho atual.

Se você está estudando a possibilidade de mudar radicalmente de área ao mesmo tempo que se prepara para iniciar como global worker, também sugiro rever o capítulo sobre construção de narrativa, para que o seu caminho seja formado com lógica e coerência. Agora, você quer saber a minha opinião? Bom, eu diria que depende do caso, mas, em regra, recomendaria entrar por algum dos portais para onde sua experiência e formação apontam, e uma vez lá dentro, fazer as mudanças desejadas.

Com todas essas ferramentas em mãos, você está pronto. Portanto, pode mirar a câmera do seu celular para o QR Code que disponibilizei no tópico no capítulo 1 e começar sua jornada de busca e candidatura para vagas!

É HORA DE FALARMOS SOBRE INTELIGÊNCIA ARTIFICIAL

É impossível ignorar a influência da inteligência artificial no cenário atual, especialmente quando falamos sobre busca e candidatura para vagas de trabalho. A chegada de ferramentas como o ChatGPT popularizou a IA generativa, mas a inteligência artificial já estava sendo aplicada ao processo por ferramentas específicas.

Hoje, temos à disposição uma série de plataformas que utilizam IA para ajudar candidatos a encontrarem as melhores oportunidades e a otimizar o processo de candidatura, economizando tempo e maximizando as chances de sucesso.

Essas ferramentas realizam uma busca mais eficiente e direcionada, personalizam candidaturas para vagas específicas, ajustam currículos e até criam *cover letters* – um elemento ainda exigido em alguns processos seletivos. A *cover letter*, ou carta de apresentação, é um documento por meio do qual o candidato expõe, de modo claro e objetivo, por que acredita ser a escolha certa para a vaga em questão. Por ser um material personalizado, ela sempre demandou mais tempo e esforço, o que naturalmente eliminava muitos candidatos que não estavam dispostos a investir essa energia adicional. Entretanto, com o auxílio da IA, essa tarefa, que antes era árdua, agora pode ser automatizada.

Ferramentas de IA permitem ainda monitorar o andamento das candidaturas e acompanhar o retorno das empresas. Isso significa que o candidato pode adotar uma abordagem mais estratégica e personalizada, mesmo sem gastar horas revisando e reescrevendo documentos. No final das contas, a inteligência artificial está democratizando o acesso às melhores oportunidades, tornando a jornada de candidatura para vagas mais dinâmica, eficiente e menos desgastante. A combinação de tecnologia e uma estratégia de carreira bem definida se tornou uma vantagem competitiva indispensável no mercado global de trabalho.

As ferramentas que utilizam inteligência artificial englobam desde a elaboração de currículos e simulação de entrevistas até candidaturas automatizadas nos inúmeros sites de vagas (*job boards*) para global workers, cada um com funcionalidades específicas. Aprender a utilizar

A COMBINAÇÃO
ENTRE TECNOLOGIA
E UMA ESTRATÉGIA
DE CARREIRA
BEM DEFINIDA
SE TORNOU
UMA VANTAGEM
COMPETITIVA
INDISPENSÁVEL NO
MERCADO GLOBAL
DE TRABALHO.

@GUSTAVOSENGES

essas ferramentas com bom senso[55] é fundamental. Por isso, é importante conhecer os limites e as vantagens de cada ferramenta, garantindo que o uso da inteligência artificial seja um aliado, e não um obstáculo, na construção de uma carreira global.

O QUE SÃO *BACKGROUND CHECKS*?

Há mais de uma década, fui apresentado ao conceito de *background check*, ou verificação de antecedentes, em português, quando um de nossos maiores clientes globais nos obrigou a incorporar essa prática no processo de contratação de seus profissionais no Brasil. Na época, eu não conhecia o termo nem compreendia a sua importância. Como empresa de recrutamento e contratação, tivemos que firmar parceria com uma empresa especializada nesse tipo de verificação. Foi assim que aprendi sobre o funcionamento e a relevância desse processo. Hoje, vejo o *background check* como um serviço indispensável, em especial para empresas que contratam profissionais para trabalhar remotamente de qualquer lugar do mundo e precisam construir uma relação de muita confiança com seus empregados.

O *background check* serve para checar todas as informações que o candidato apresenta, certificando-se de que são verdadeiras – e o convite para ingressar na empresa só é feito após essa verificação. Ele não busca dados secretos, mas confirmações públicas: se a pessoa de fato estudou onde alegou, se trabalhou nas empresas que mencionou, e se suas qualificações são legítimas. Em um mundo onde pequenas fraudes são cada vez mais comuns, essa prática é extremamente necessária para proteger a empresa, a marca e até as

---

[55] No dia anterior à entrega da versão final deste livro para a Editora Gente, saiu a notícia de uma empregadora denunciando, nas redes sociais, currículos criados por IA cheios de erros e totalmente pasteurizados...

pessoas ao redor. No Brasil, por exemplo, os escândalos envolvendo fraudes acadêmicas ou profissionais crescem a cada dia.[56]

E como isso pode afetar você e sua contratação? Primeiro, é fundamental saber que as empresas precisam obter sua aprovação antes de verificar suas informações, o que chamamos de consentimento de dados, em conformidade com a Lei Geral de Proteção de Dados (LGPD). Você provavelmente receberá um e-mail solicitando seu consentimento para a empresa iniciar a verificação. Isso é um procedimento padrão e não há razão para se preocupar, desde que tudo o que você apresentou em seu currículo e sua narrativa seja verdadeiro e verificável. E sendo meu leitor, aluno ou mentorado, tenho certeza de que você agirá dessa maneira.

Outra recomendação é nunca incluir informações duvidosas ou de difícil comprovação. Portanto, evite mencionar detalhes que, mesmo sendo verdadeiros, sejam dúbios e nada acrescentem de positivo para a sua história. Já vivenciei o caso, por exemplo, de um candidato que morou por um ano estudando inglês na Austrália e mencionou um trabalho de um mês de duração em uma ONG que já havia encerrado suas atividades há anos. Isso não impediu a contratação, mas atrasou o processo, pois a empresa de *background check* só emite o relatório final quando todas as informações são verificadas. Essa é uma etapa importante, na qual mentiras e "pequenas imprecisões" podem custar a sua contratação e manchar a sua reputação profissional.

[56] ESQUEMA de R$ 45 milhões: gerente do Itaú aplica fraude e banco é condenado a devolver valores. **Mix Vale**. Disponível em: www.mixvale.com.br/2024/11/06/esquema-de-r-45-milhoes-gerente-do-itau-aplica-fraude-e-banco-e-condenado-a-devolver-valores/amp. Acesso em: 18 nov. 2024.
NUNES, V. BTG demite diretor jurídico por suspeita de falsificação de diploma e falta de OAB. **Diário do Centro do Mundo**. Disponível em: www.diariodocentrodomundo.com.br/essencial/btg-demite-diretor-juridico-por-suspeita-de-falsificacao-de-diploma-e-falta-de-oab. Acesso em: 18 nov. 2024.

PASSEI, E AGORA? O PLANO DE NOVENTA DIAS

Parabéns! O seu trabalho duro valeu a pena, e você foi chamado pela empresa contratante para integrar o time. Agora, uma nova jornada começa, e os primeiros noventa dias são imprescindíveis para garantir a sua continuidade e o seu desenvolvimento na organização.

Nesses dias estará em vigência o seu **período probatório**, que vai ser decisivo para a efetivação da sua contratação. Portanto, é preciso estar preparado para esse momento que vai surgir logo após o "sim". Separei aqui minhas principais recomendações para ajudar você a lidar com os primeiros desafios. Vamos nessa?

NEGOCIANDO O SEU PACOTE DE REMUNERAÇÃO

Negociar o pacote de remuneração na sua primeira posição como global worker pode parecer desafiador, mas, com a prática, essa habilidade vai se tornar mais natural. Além de termos específicos em inglês que listei no dicionário GWorker, no final deste livro, é necessário entender a lógica do modo de remuneração das empresas com mentalidade americana. Em geral, a remuneração é discutida em termos anuais, o que pode gerar algumas confusões iniciais, especialmente para quem está acostumado com o modelo de pagamento mensal, típico no Brasil.

Se o modo de contratação for PJ, você precisará abrir uma empresa para prestar serviços, caso ainda não tenha uma. Ao negociar o valor do contrato de prestação de serviços, certifique-se de que o montante discutido é anual e em qual moeda será o pagamento, principalmente se for em dólares, já que oscilações cambiais podem afetar o montante recebido mensalmente. Esse é um passo importante, já que o pagamento será feito para a sua entidade jurídica, não direto para você. Escolher o modelo societário mais adequado é essencial, assim como contar com o suporte de uma empresa de contabilidade. No Brasil, há várias opções de contabilidade digitais que oferecem ótimo serviço por uma mensalidade fixa, o que facilita a gestão financeira e traz previsibilidade.

Para aqueles que forem contratados como CLT, a dinâmica de negociação é um pouco diferente. Como as empresas estrangeiras calculam a remuneração de modo anual, é importante confirmar se esse valor será dividido em doze ou treze meses. O décimo terceiro salário, visto como um direito trabalhista no Brasil, é compreendido como um "benefício adicional" por muitos empregadores internacionais. Negociar para que o valor anual da remuneração seja dividido doze meses pode ser mais vantajoso, pois assim o décimo terceiro se torna, de fato, um extra, e não uma parte integrada da remuneração anual.

Independentemente do formato de contratação, CLT ou PJ, é fundamental ter clareza sobre as **condições de comissões e bônus** nessa etapa da negociação. Certifique-se de que as regras para qualquer compensação adicional estejam detalhadas de modo claro no contrato de trabalho (CLT) ou no contrato de prestação de serviços (PJ). O variável pode ter grande impacto na remuneração total, em especial para certas posições, como vendas, desenvolvedores de negócios e *country leaders*. Portanto, ter um acordo transparente é essencial para evitar conflitos futuros e para que você possa se organizar financeiramente.

Por último, de acordo com as melhores práticas no Brasil, é usual que empregados em regime CLT recebam **benefícios essenciais**, como planos de saúde e odontológico e seguro de vida. Recentemente, as mudanças nos modos de trabalho têm incentivado muitas seguradoras a adaptar suas ofertas, tornando possível que profissionais contratados como pessoa jurídica também possam usufruir desses mesmos benefícios. Essa flexibilidade reflete a evolução do mercado de trabalho e proporciona aos PJs maior segurança e paridade com os benefícios tradicionalmente oferecidos aos empregados CLT, garantindo assim um suporte fundamental para a saúde e o bem-estar dos profissionais.

Nas contratações de global workers com carteira assinada, a grande maioria recebe esses benefícios. Já como prestadores de serviço, isso depende da cultura e dos objetivos da empresa contratante.

ONBOARDING

O processo de *onboarding* de global workers costuma apresentar algumas peculiaridades. Uma situação comum envolve o envio do equipamento de trabalho, especialmente laptop, que pode demorar um pouco para chegar, dependendo da logística da empresa. Já presenciei casos em que os novos contratados tiveram que aguardar algumas semanas, ou até um mês, pela chegada do equipamento. Nesse período, o empregado já tinha seu contrato ativo, recebendo o salário normalmente, mas aguardava pelo laptop para poder de fato começar a trabalhar.

Outra situação frequente é quando a empresa sugere que o profissional, enquanto espera o computador corporativo, use o próprio equipamento. A decisão depende de fatores como o nível de segurança e confidencialidade exigidos para o cargo. Isso é mais comum em áreas sensíveis, nas quais o uso de itens pessoais pode representar riscos.

Assim que o equipamento chega, o *onboarding* se inicia, com sessões de orientação e adaptação. No entanto, é essencial destacar que muitas empresas, em especial as menores ou que têm estruturas mais enxutas, não contam com um RH dedicado para guiar de modo minucioso o novo profissional em cada passo. Por isso, habilidades como autogestão, autonomia, curiosidade e proatividade são fundamentais para o sucesso nessa fase.

Ter familiaridade com ferramentas de trabalho remoto – como plataformas de gestão de projetos e comunicação – também é um diferencial importante. Conhecer programas colaborativos e ferramentas comuns vai facilitar a adaptação, já que muitas vezes o *onboarding* é conduzido de maneira intuitiva e exige que o profissional tome a iniciativa. Mostrar proatividade e capacidade de se adaptar rapidamente ao ambiente remoto é uma excelente maneira de causar uma boa impressão nos primeiros dias, consolidando uma imagem de profissionalismo e eficiência desde o início.

TREINAMENTOS OBRIGATÓRIOS

Após receber o equipamento, uma fase importante do *onboarding* é a realização dos treinamentos exigidos pela empresa. Nos Estados Unidos, essa prática é bastante comum, e a intensidade e a duração dos treinamentos podem variar de acordo com o tamanho da empresa e sua área de atuação. Por exemplo, se você estiver trabalhando para uma *public company* (empresa de capital aberto), pode esperar um volume significativo de treinamentos, especialmente relacionados a *compliance*. As empresas de capital aberto são obrigadas a seguir rigorosas regulamentações e, por isso, investem em uma série de treinamentos obrigatórios para todos os empregados.

Esses treinamentos cobrem uma ampla gama de temas, desde ergonomia e segurança no local de trabalho até questões delicadas, como assédio sexual, prevenção à lavagem de dinheiro e regras de comportamento ético – como lidar com presentes de clientes e situações de conflito de interesse, por exemplo. Apesar de serem conteúdos muitas vezes repetitivos e cansativos, eles são necessários para garantir o cumprimento das leis e regulamentações específicas do país em pauta. Portanto, preste muita atenção e tire todas as suas dúvidas.

Além disso, esses treinamentos têm prazos específicos para serem concluídos, e é comum que as empresas monitorem de perto o cumprimento de cada data, com cobranças caso sejam ultrapassadas. Assim, é fundamental dedicar tempo e energia para realizá-los, especialmente nos primeiros dias de trabalho, quando há a tentação de focar apenas as atividades mais estimulantes e esquecer os aspectos obrigatórios.

Testemunhei algumas situações constrangedoras com profissionais recém-contratados na América Latina, que se distraíram e acabaram perdendo o prazo. Cometer esse erro no período probatório pode causar uma imagem ruim logo no início. Demonstrar seriedade nessa etapa é uma maneira de começar com o pé direito, mostrando seu comprometimento com as expectativas da empresa. Minha sugestão: aproveite quando tiver um dia mais tranquilo e faça todos os treinamentos em seguida. Leve-os a sério e nunca deixe para realizá-los no último instante.

ATRAVESSANDO O PERÍODO PROBATÓRIO

O período de probatório é visto pelas empresas estrangeiras como um tempo crucial para avaliar o alinhamento de um profissional recém-contratado com o perfil da empresa, se ele é uma boa adição para a equipe. Não se trata das habilidades técnicas que foram testadas no processo seletivo, mas da capacidade de adaptação à cultura da empresa.

Em contratações CLT, muitas empresas estrangeiras utilizam o período probatório permitido pela legislação para tomar decisões sobre a continuidade do contrato. No caso de contratações PJ, o princípio é similar: os primeiros meses são uma fase de adaptação e ajuste. Por isso, profissionais precisam entender que, embora tenham sido aprovados no processo seletivo, é fundamental continuar se destacando positivamente, sobretudo nos primeiros noventa dias.

Vou contar um exemplo que ilustra bem a importância dessa fase: contratamos uma experiente profissional de marketing que trabalhava em uma grande agência nacional. Ela tinha todas as qualificações técnicas necessárias e impressionou todo mundo durante as entrevistas. Porém, nos primeiros sessenta dias, ficou claro que não se encaixava. Ela mantinha um comportamento reservado, quase invisível, tanto em reuniões quanto nos eventos sociais virtuais, contextos valorizados pela equipe como parte da integração cultural.

Às sextas-feiras, por exemplo, tínhamos o hábito de organizar happy hours virtuais, quando cada profissional apresentava algo típico de sua cultura. Em um desses encontros, ensinei o pessoal a fazer caipirinha, e todos compraram os ingredientes antecipadamente para o meu "workshop". No entanto, essa profissional nunca se ofereceu para participar, para apresentar algo ou mesmo para engajar-se nas atividades dos colegas. A ausência de interação social, especialmente em um contexto remoto, acabou pesando de modo negativo.

A chave do período probatório está no equilíbrio: é preciso encontrar um tom que demonstre engajamento e curiosidade, mas sem forçar a barra. Não é o momento para desaparecer nem para monopolizar reuniões. O segredo está em observar, aprender e utilizar a escuta ativa e a mentalidade global para entender a cultura da empresa. Mostrar interesse genuíno pelos colegas, pelos projetos e pelo ambiente de trabalho é essencial para encontrar seu espaço. Esse é um momento para se ajustar ao tom da equipe, respeitando a dinâmica existente e contribuindo de maneira positiva e proativa.

SAÚDE É O QUE INTERESSA

Para que você comece esses primeiros noventa dias de maneira eficiente e saudável, tanto física quanto mentalmente, vou compartilhar algumas dicas que aprendi ao longo da minha experiência. Apenas não se esqueça de que cada um vai encontrar o próprio caminho, então essas são apenas sugestões que considero úteis, combinado?

Primeiro, sobre a postura e a posição de trabalho: varie o ambiente sempre que possível. Não existe uma única posição correta para trabalhar remotamente. O que de fato faz diferença é evitar ficar por muito tempo na mesma posição e no mesmo lugar. Eu sempre busco variar onde trabalho ao longo do dia. Tenho um espaço que uso como escritório, com mesa e cadeira adequadas, mas não fico ali o tempo todo. Às vezes, levo meu laptop para a bancada da cozinha e trabalho de pé, ou mudo para o sofá quando quero relaxar um pouco mais. Em alguns dias, gosto de sair para um café, o que traz uma perspectiva diferente e renova minha energia.

Em empresas com esse DNA remoto, é bastante comum a inclusão de cursos sobre ergonomia e saúde no trabalho já na primeira semana. Em uma dessas empresas, fui responsável por preparar o material para os profissionais brasileiros. Desenvolvemos um vídeo bastante divertido na forma de desenho animado para destacar a importância da altura ideal da tela em relação ao olhar do usuário, da postura correta dos ombros e das mãos no teclado, das pausas entre as sessões etc.

Outra dica que considero valiosa é começar o dia com algum ritual matinal, que prepare você para o trabalho. Eu, por exemplo, tenho duas filhas; então, se não faço minha atividade física logo de manhã, sei que não vou conseguir encaixar isso em outro momento do dia. Para outros, esse ritual pode significar uma meditação, uma leitura tranquila, ou simplesmente um banho gelado e um café da manhã calmo antes de sentar-se para trabalhar.

O importante aqui é estabelecer uma rotina que separe o início do seu dia de trabalho da vida pessoal – até porque, no trabalho remoto, essa linha tende a ficar muito tênue. Evite ao máximo começar o dia na cama ou mantê-la como um ambiente de trabalho. Ter o quarto (ou mais especificamente, a cama) como um espaço "sagrado" só para o descanso vai ajudar muito no seu sono, que é fundamental para se manter produtivo.

Vale relembrar que cada um vai encontrar o seu ritmo, e não tem problema algum fazer ajustes conforme for necessário. Se você gosta de trabalhar à noite, faça isso, mas garanta que sua rotina esteja equilibrada de uma maneira que funcione para você e para a empresa. Desenvolva hábitos e práticas que se encaixem na sua função profissional e no seu estilo de vida.

Por fim, agora vamos voltar ao começo da obra, quando afirmei que carreira não é chegada. Carreira é…? Exatamente, é jornada! Portanto, nunca chegaremos a um ponto final. Posso garantir que quando você sentir que está no "final", vai naturalmente começar a construir novos relacionamentos que permitirão alçar outros voos. Alguns dentro da estrutura de sua empresa, e outros em posições mais interessantes para você.

O Método GWorker não é uma reta, mas uma espiral. A representação do caminho entre o ponto A e o ponto B captura, para fins de aprendizado, somente uma parte dessa espiral. Depois de chegar ao ponto B, você verá que há muitos outros caminhos, oportunidades e desenvolvimentos esperando você – talvez chegue até o ponto Z, quem sabe?

Antes de nos despedirmos, proponho que você refaça o nosso GWorker Quiz, que realizou no início da leitura deste livro, para avaliar o quanto avançou. Assim, conseguirá mensurar todo o seu crescimento e também ter dimensão do que ainda precisa ser desenvolvido, a fim de orientar melhor seus próximos passos.

www.gustavosenges.com.br/quiz/

Nossa jornada juntos está chegando ao fim, mas tenho certeza de que esse é apenas o começo da sua aventura global.

10 A VIDA É MUITO MAIS QUE APENAS TRABALHAR

Bem-vindo ao novo mundo do trabalho. Bem-vindo a uma nova maneira de viver. Chegamos ao final de uma jornada que, na verdade, é apenas o começo. Inicialmente, eu tinha pensado em chamar este capítulo de conclusão. Porém, como conversamos muito em cada página, a construção da nossa história não tem fim. Precisamos estar em movimento constante.

Ao longo deste livro, falamos sobre carreiras, oportunidades, estratégias e maneiras de construir um futuro profissional diferente. Mas, ao concluir esse tempo que passamos juntos, é importante lembrar que carreira, por mais relevante que seja, é apenas um meio, e não o fim. Tornar-se um global worker pode transformar a sua vida, proporcionando liberdade, melhor remuneração e novas experiências, mas não devemos esquecer que a carreira é apenas um meio, e não o fim.

É claro que é muito mais fácil falar do que trazer essa verdade para nossa vida. Haverá momentos em que a busca pelo equilíbrio entre trabalho e vida será desafiadora. Teremos momentos difíceis, que trarão medo, angústia, ansiedade e solidão. A escolha da graduação, os primeiros estágios e empregos, as entrevistas e os obstáculos de uma carreira ou uma demissão inesperada... É normal que nos sintamos pressionados em situações assim. O segredo, talvez, seja tentar não levar tudo tão a sério. A vida já tem desafios suficientes, e levar as coisas com leveza e otimismo pode ser o antídoto para as dificuldades que enfrentamos. Sempre haverá pessoas – sejam professores, chefes ou colegas de trabalho – que podem não entender essa leveza e, nesse caso, deixe-as seguirem o próprio caminho, sem permitir que abalem a sua paz e a sua essência.

Além disso, lembre-se de que o equilíbrio não é medido em dias ou semanas, mas em meses e anos. Seja generoso com você e entenda que fases difíceis são parte do processo. O verdadeiro equilíbrio se encontra na maneira como ajustamos as prioridades ao longo do tempo, fazendo concessões em certos momentos, mas sempre mantendo em vista o que realmente importa. Afinal, a vida, essa breve e preciosa jornada, é o que de fato deve ser valorizada, isto é, as conexões que fazemos, as amizades que cultivamos e o tempo que passamos com aqueles que amamos, e não os títulos que acumulamos, os cargos que ocupamos ou os salários que ganhamos. Então, desfrute, trabalhe, aprenda e, acima de tudo, tenha sempre em mente o que faz tudo isso valer a pena.

E, claro, nunca subestime a sorte. Sim, há uma parcela de aleatoriedade na vida que não controlamos, mas isso não significa que não possamos ajudar a sorte a nos encontrar. Como vimos, sorte é mais do que um acaso: é estar atento aos sinais; é a combinação de preparação constante, atenção ao que acontece ao nosso redor e, principalmente, coragem de agir diante da oportunidade. A sorte não surge para quem está de cabeça baixa, mas para quem observa, se prepara e tem a ousadia de abraçar o inesperado quando ele aparece.

A SORTE NÃO SURGE PARA QUEM ESTÁ DE CABEÇA BAIXA, MAS PARA QUEM OBSERVA, SE PREPARA E TEM A OUSADIA DE ABRAÇAR O INESPERADO QUANDO ELE APARECE.

@GUSTAVOSENGES

Acredito que, ao fechar este livro, você tomará decisões coerentes com o futuro que deseja e embarcará no novo mundo do trabalho com confiança e muito conhecimento.

Como nunca gostei de despedidas, deixo você com a certeza de que nos veremos novamente em breve. Continue contando comigo na sua jornada, e até a próxima!

DICIONÁRIO GWORKER

Imagine, em sua primeira semana de trabalho, você receber a seguinte mensagem: *"FYI, the PM is OOO until EOD, so please CC the HR BP on the project update"*.

Bateu o desespero aí? Calma, pois posso ajudar você nisso também! No ambiente corporativo americano, o uso de acrônimos é uma prática muito comum, especialmente nas comunicações do dia a dia. Isso facilita a troca rápida de informações, economizando tempo e simplificando a linguagem. Acrônimos e abreviações estão por toda parte, especialmente em e-mails, mensagens e relatórios.

Sobre a frase, o seu colega queria dizer: "Para o seu conhecimento, o gerente de projetos está ausente da empresa até o final do dia, então, por favor, copie o *business partner* de recursos humanos na atualização no projeto".[57]

Esses acrônimos são frequentes e servem para agilizar a comunicação, mas também podem ser um desafio para quem não está familiarizado. Pensando nisso, criei esta parte final, que chamei de Dicionário GWorker, para orientar você que está entrando no mercado global. Selecionei alguns acrônimos e termos mais utilizados, especialmente para a desafiante etapa de contratação. E claro, lembre-se de que temos sempre o nosso amigo Google para nos ajudar.

---

[57] Aqui, você tem a tradução completa. FYI: *for your information* (para sua informação), PM: *project manager* (gerente de projetos), OOO: *out of office* (fora do escritório), EOD: *end of day* (final do dia), CC: *carbon copy* (cópia para conhecimento), HR BP: *human resources business partner* (parceiro de negócios de recursos humanos).

1099: Categoria de classificação para trabalhadores usada nos Estados Unidos, referindo-se ao formulário fiscal "1099-MISC", que é utilizado para reportar rendimentos de profissionais independentes, freelancers ou contratados autônomos. Trabalhadores 1099 não são considerados empregados formais de uma empresa, mas sim prestadores de serviços. Se você se deparar com o termo, pode interpretá-lo como sinônimo de nosso PJ.

AOR: O *agent of record* é uma empresa que atua como intermediária entre a empresa contratante e um profissional fornecedor de serviços PJ. No contexto de trabalho global, um AOR é responsável por lidar com questões administrativas relacionadas à contratação e à conformidade legal. Para global workers, o AOR garante que todas as obrigações legais e regulamentares sejam cumpridas, permitindo que as empresas contratem talentos globalmente de maneira segura e sem complicações burocráticas.

Background checks: A verificação de antecedentes é um processo utilizado por empregadores estrangeiros para analisar o perfil de um candidato a uma vaga. As verificações podem incluir informações sobre histórico criminal, formação educacional, empregos anteriores, mídias e outras fontes de dados relevantes. O objetivo é garantir que o candidato é adequado para o cargo, confirmando a veracidade das informações fornecidas e identificando possíveis riscos para a empresa.

EOR: O *employer of record* é uma empresa que formalmente contrata um profissional com carteira assinada (CLT) em nome da empresa-cliente, assumindo a responsabilidade legal e administrativa da contratação. No contexto de trabalho global, o EOR facilita a contratação de talentos globalmente, cuidando de toda a parte burocrática, o que inclui folha de pagamento, benefícios, encargos trabalhistas e outras obrigações legais. Isso permite que empresas possam expandir para novos mercados e contratar profissionais em diferentes países sem a necessidade de estabelecer uma entidade local, mantendo conformidade com as leis trabalhistas do país onde o profissional está baseado. Em outras palavras, o EOR age como o "empregador oficial" para fins legais.

FTE: Significa *full-time equivalent*, ou equivalente a tempo integral. É uma medida usada para calcular o número de funcionários em termos de horas trabalhadas em tempo integral. Um FTE equivale ao trabalho de uma pessoa em tempo integral durante determinado período, normalmente uma semana de quarenta horas. Isso facilita a comparação entre trabalhadores de tempo parcial e integral ou empregados e trabalhadores que atuam por projetos (IC).

IC: *Independent contractor*, ou simplesmente *contractor*, é um profissional autônomo que presta serviços para empresas sem vínculo empregatício formal. Diferentemente dos empregados tradicionais, o IC não recebe benefícios como férias pagas ou seguro de saúde, e os impostos não são retidos na fonte. Em teoria, dispõe de liberdade para escolher quando e como realizar o trabalho, tendo controle sobre a execução das tarefas e, muitas vezes, fornecendo os próprios equipamentos. O pagamento é geralmente acordado por projeto, e o profissional é responsável por gerenciar e recolher seus impostos. Em comparação com o Brasil, seria um sinônimo para PJ.

***Job board*:** Plataforma on-line na qual empresas divulgam vagas de emprego e profissionais procuram oportunidades de trabalho. Os *job* *boards* permitem que candidatos filtrem vagas por localização, tipo de trabalho, indústria e qualificações, facilitando o processo de busca de emprego. Os exemplos mais comuns são LinkedIn, Indeed e Glassdoor.

Offer letter: O documento formal enviado a um candidato selecionado para uma posição de trabalho, detalhando os termos da oferta de emprego – salário, benefícios, data de início e outras condições. É um passo importante no processo de contratação, servindo como uma confirmação oficial da proposta de emprego antes da assinatura de um contrato completo.

Part-time: O trabalho em meio período é um tipo de emprego cuja carga horária é reduzida, geralmente inferior à jornada completa (ou *full-time*). São comuns para estudantes, profissionais que buscam mais flexibilidade ou aqueles que desejam conciliar outras atividades ou responsabilidades com o trabalho. Esses empregos podem oferecer uma flexibilidade maior, mas geralmente têm benefícios reduzidos em comparação aos cargos de tempo integral.

Probation period: Equivale ao nosso período de experiência. Ou seja, o período inicial, quando o empregado é avaliado pela empresa para determinar se atende às expectativas do cargo. Durante esse tempo, o profissional tem a chance de se adaptar ao ambiente de trabalho e às suas responsabilidades, enquanto a empresa avalia seu desempenho, seu comportamento e sua adequação à cultura organizacional. Ao final do período, o contrato pode ser confirmado, ajustado ou encerrado, dependendo dos resultados da avaliação. No Brasil, esse período é de no máximo noventa dias e, ao término dele, o contrato de trabalho se converte em período indeterminado.

RTO: *Return to office*, ou retorno ao escritório, é o termo usado para descrever o movimento de profissionais que voltaram a trabalhar presencialmente no local físico da empresa após um período de trabalho remoto. Como reação, alguns especialistas em futuro do trabalho acabam ironizando esse movimento e o denominando RTP, *return to the past*, ou retorno ao passado.

Severance (***severance pay*** **ou** ***severance package***): O pagamento feito ao empregado quando ele é demitido sem justa causa. Esse benefício financeiro serve para compensar a perda repentina de emprego e pode incluir valores como aviso prévio, férias vencidas, 13º salário proporcional e outros benefícios previstos pela legislação ou pelo contrato. A indenização visa oferecer suporte financeiro durante a transição para um novo emprego. No Brasil, equivale às nossas verbas rescisórias, que são consideradas um direito do empregado; seu cálculo é definido por lei.

Sign-on bonus: O bônus de admissão é uma quantia paga a um novo empregado quando ele aceita uma oferta de emprego. Esse bônus é geralmente oferecido para atrair candidatos em posições de alta demanda ou para compensar a pessoa por benefícios que possa estar perdendo ao deixar seu emprego anterior, como bônus anuais ou ações. O pagamento pode ser feito de modo integral no momento da contratação ou dividido em parcelas ao longo dos primeiros meses ou anos de trabalho, conforme acordado no contrato.

Staffing: Refere-se ao processo de recrutamento, seleção e contratação de profissionais para preencher vagas em uma organização. Ele envolve identificar as necessidades de uma empresa e encontrar os candidatos mais adequados para essas posições, garantindo que a organização tenha os talentos certos no momento certo. A prática de *staffing* pode incluir tanto contratações permanentes quanto temporárias, envolvendo desde posições de nível inicial até cargos executivos. Além disso, abrange gerenciamento de contratos, integração de novos funcionários e análise contínua das necessidades de pessoal para ajustes futuros.

***Staffing agency*:** Empresa especializada em recrutar, selecionar e contratar profissionais para outras organizações. Essas agências atuam como intermediárias entre candidatos e empregadores, ajudando as empresas a encontrarem talentos adequados para posições temporárias, permanentes ou para projetos específicos. Elas gerenciam todo o processo de contratação, que pode incluir desde a triagem de currículos até a realização de entrevistas, além de lidar com aspectos administrativos, como contratos e folha de pagamento para funcionários temporários.

***Supplemental* e *statutory benefits*:** Os benefícios suplementares são benefícios adicionais que as empresas oferecem além dos obrigatórios, a fim de atrair e reter talentos. Esses benefícios podem incluir planos de saúde adicionais, seguros de vida ou de invalidez, programas de bem-estar, assistência educacional, entre outros. Considerados um complemento ao pacote tradicional, são oferecidos a critério da empresa. Os benefícios estatutários são os obrigatórios previstos por lei, que as empresas devem fornecer aos seus empregados. Aqui tem uma "pegadinha" importante! No Brasil, consideramos direitos trabalhistas o que americanos chamam de *statutory benefits*, portanto não estranhe se tiver que lidar com esse tipo de classificação por parte de seu empregador. No final das contas, dá no mesmo.

W2: Categoria de classificação para trabalhadores nos Estados Unidos que indica um empregado formal, comparado ao nosso CLT no Brasil. O formulário fiscal "W-2" é usado pelos empregadores para reportar ao governo os salários anuais pagos a um empregado e o valor dos impostos retidos. Empregados W2 têm uma relação de emprego tradicional, recebendo benefícios como seguro de saúde, férias remuneradas e contribuições previdenciárias. Os impostos sobre salários, como imposto de renda e previdência social, são deduzidos diretamente do salário antes de o empregado receber o pagamento.

WFA: *Work from anywhere*, ou trabalhe de qualquer lugar, é um conceito de trabalho remoto que permite ao profissional realizar suas atividades laborais de qualquer lugar do mundo, sem a necessidade de estar presente em um escritório ou local fixo. Ao contrário do modelo de trabalho remoto, que muitas vezes ainda requer a presença em uma cidade específica ou em casa, o WFA oferece total liberdade geográfica, desde que haja acesso à internet e às ferramentas necessárias para o desempenho da função.

WFH: *Work from home*, ou trabalhe de casa, refere-se ao modelo de trabalho em que o profissional realiza suas atividades profissionais diretamente de sua residência. Diferentemente do WFA, o WFH limita o local de trabalho ao ambiente doméstico, priorizando a conexão digital e o uso de ferramentas de colaboração on-line.

Este livro foi impresso pela gráfica
Assahi em papel lux cream 70 g/m²
em fevereiro de 2025.